Alexander Siebert

Pflanzen im Streß

Die besondere Rolle der octadecanoiden Signalstoffe als neuartige Phytohormone

Alexander Siebert

PFLANZEN IM STRESS

Die besondere Rolle der octadecanoiden Signalstoffe als neuartige Phytohormone

ibidem-Verlag
Stuttgart

Die Deutsche Bibliothek - CIP-Einheitsaufnahme:

Ein Titeldatensatz für diese Publikation ist bei
Der Deutschen Bibliothek erhältlich

∞

Gedruckt auf alterungsbeständigem, säurefreien Papier
Printed on acid-free paper

ISBN: 3-89821-093-6

Printed in Germany

Vorwort

Was empfindet eigentlich das Gras auf der Wiese, wenn sich ein Rasenmäher nähert?
Wachsen meine Zimmerpflanzen besser, wenn ich ihnen täglich etwas vorsinge?
Oder muß ich ihnen mindestens Vivaldis "Vier Jahreszeiten" anbieten?

Wer nun in diesem Buch Antworten auf jene gestellten Fragen erwartet, muß leider enttäuscht werden, denn darum soll es nicht gehen, auch wenn es der Titel "Pflanzen im Streß" vielleicht vermuten läßt.
Dafür werden andere ebenfalls verblüffende und spannende Dinge betrachtet, wie z.B.:

- Was sich Pflanzen alles einfallen lassen, um lästige Krankheitserreger oder Fraßfeinde wieder loszuwerden.
- Warum man rankende Gewächse als Kletterspezialisten bezeichnen kann, die mit Hilfe eines ausgeklügelten Systems ihren Weg nach oben ertasten.
- Wie Pflanzen mittels parfumähnlicher Substanzen bei ihren Nachbarn einen nachhaltigen Eindruck hinterlassen können und so mit diesen kommunizieren.
- Welche Möglichkeiten eines zukunftsfähigen Pflanzenschutzes auf der Grundlage neuerer Forschungsergebnisse entstehen können.

Dieses Buch will versuchen, die einzelnen Sachverhalte grundlegend zu erklären und dabei gleichzeitig einen Überblick über den aktuellen Stand in der Wissenschaft geben.
Somit sollte "Pflanzen im Streß" für den neugierigen Laien und den Fachmann gleichermaßen interessant sein.

Ich würde mir wünschen, daß bei Ihnen durch die Lektüre meiner Publikation das Interesse an den faszinierenden Ergebnissen der Pflanzenphysiologie geweckt wird. Auch seien wir alle an die geniale Perfektion unserer wunderbaren Schöpfung erinnert.

Danken möchte ich allen Menschen, die mich bei meinem bisherigen Fortkommen begleitet und gefördert haben.
Vor allem möchte ich dabei meine Familie, Herrn Professor E.W. Weiler und die Freunde erwähnen, die mir in der letzten Zeit besonders zur Seite gestanden haben.

Alexander Siebert

Inhaltsverzeichnis

Abkürzungsverzeichnis

ACC	1-Aminocyclopropan-1-carbonsäure
AOC	Allenoxidcyclase
AOS	Allenoxidsynthase
BBE	Berberin-Brücken-Enzym
cDNA	komplementäre Desoxyribonukleinsäure
DNA	Desoxyribonukleinsäure
Heynh.	Heynhold
HPOT	13-Hydroperoxylinolensäure
IES	3-Indolylessigsäure
ISR	induzierte systemische Resistenz
JA	Jasmonsäure
Jacq.	v. Jacquin
JA-Me	Jasmonsäure-Methylester
kDa	Kilodalton
L.	Linné
mRNA	Boten-Ribonucleinsäure
NADPH	Nicotinamid-Adenin-Dinucleotid-Phosphat (reduzierte Form)
OPC-8:0	3-oxo-2(2´-Pentenyl)-cyclopentanoctansäure
OPDA	12-oxo-Phytodiensäure
OPR	OPDA-Reduktase
OYE	old yellow enzyme
PIIF	Proteinaseinhibitor induzierender Faktor
Rnase	Ribonuklease
Rubisco	Ribulosebisphosphatcarboxylase/-oxygenase
SA	Salicylsäure
SAG	seneszenz-assoziiertes Gen
SAR	systemisch erworbene Resistenz
UV	ultraviolett
VSP	vegetatives Speicherprotein

1. Einleitung

1.1 Streß und Streßkonzepte bei Pflanzen

Zunächst einmal stellt sich die Frage: Was bedeutet überhaupt "Streß" im Zusammenhang mit Pflanzen? Jeder Organismus auf der Erde ist bestimmten Umwelteinflüssen ausgesetzt. Diese sind nicht immer optimal, so daß die jeweilige Lebenssituation dann oft als belastend einzuschätzen ist, was sich beispielsweise in einer reduzierten Leistungsbereitschaft ausdrücken kann.

Pflanzen und Tiere als unterschiedliche Lebensformen mit unterschiedlichen Fähigkeiten reagieren darauf verschieden. Wenn sich die momentane Situation für ein Tier verschlechtert, kann es aktiv flüchten und sich einen vorteilhafteren Lebensraum suchen. Dies ist bei den meisten Höheren Pflanzen nicht der Fall, sind sie doch an ihren Standort gebunden. Jener scheinbare Vorzug der Tiere wird aber bei den Pflanzen durch eine immense Regenerationsfähigkeit kompensiert.

Die Umwelteinflüsse, denen Pflanzen ausgesetzt sind, lassen sich nach LEVITT (1980) wie folgt einteilen: Es gibt zum einen abiotische Einflüsse wie die Temperatur, das Vorhandensein von Wasser, Strahlung (Licht, ultraviolette und ionisierende Strahlung), mechanische Reize (Wind, Bodenbewegung und Erschütterung), chemische Belastung (Umweltgifte und der Überschuß oder Mangel an Mineralsalzen) sowie andere Belastungen (elektrische und magnetische Felder). Unter biotischen Einflüssen dagegen, und auf diese sei im Zusammenhang mit octadecanoiden Signalstoffen besonders hingewiesen, versteht man Fraßfeinde, wie z.B. manche Insekten (Herbivorie), Krankheitserreger (Pathogene) und inner- bzw. zwischenartliche Konkurrenz.

Für alle mannigfaltigen Belastungssituationen, die in einem Organismus Abweichungen vom Normalverhalten auslösen, haben einige Autoren auch für Pflanzen den Ausdruck „Streß“ eingeführt (z.B. LARCHER, 1987). Dieser relativ weit gefaßte Begriff, der auch in der Medizin, Psychologie und Soziologie Anwendung findet, leitet sich vom lateinischen

Wort *stringere* ab, was verwunden bzw. zusammenschnüren bedeutet. Andere Quellen lehnen diesen Begriff im Bereich der Botanik kategorisch ab, da es sich ihrer Meinung nach bei Reaktionen von Pflanzen auf extreme äußere Bedingungen wie etwa großer Wärme um eine Adaptation an die gegebene Situation handelt, die aufgrund der sessilen Lebensweise zu beobachten sei. Auf eine vertiefende Diskussion dieser Problematik soll jetzt verzichtet werden, als kritische Hintergrundinformation darf man sie aber nicht vergessen.

Auf dem Gebiet der Naturwissenschaften haben sich in den letzten Jahrzehnten verschiedene theoretische Konstrukte entwickelt, um die Vorgänge eines Streßgeschehens näher zu beschreiben. An dieser Stelle sollten zumindest namentlich das komponentenanalytische Resistenzkonzept (LEVITT, 1980) und das Konzept des dynamischen Streßsyndroms (SELYE, 1950) erwähnt werden. Allen Konzepten ist mehr oder weniger gemeinsam, daß sie einen Belastungszustand als extreme Abweichung vom Lebensoptimum beschreiben (LARCHER, 1987).

Der Physiologe möchte nun gerne wissen, wie Streß bzw. außergewöhnliche Lebenssituationen auf den pflanzlichen Organismus wirken, denn es kommt sehr wohl zu einer Belastung aller Organe, wenn auch nur eine lokal begrenzte Schädigung erfolgte. Insbesondere interessiert den Forscher, wie Pflanzen Umwelteinflüsse in interne Signale umsetzen und wie diese dann die weitere Entwicklung steuern.

Es ist festzuhalten, daß Streßreaktionen innerhalb der Pflanze durch die Phytohormone koordiniert werden, wobei es meist zu Konzentrationsänderungen im gesamten Hormonsystem kommt; man kann durchaus von einer unspezifischen Reizantwort sprechen (SALISBURY und MARINOS, 1985).

Um hier zunächst einmal einen Überblick zu geben, welche Substanzfamilien an derartigen Reaktionen beteiligt sind, werden sowohl die klassischen (Abschnitt 1.2) als auch die neueren Phytohormone (Abschnitt 1.3) kurz vorgestellt.

Teil 2 dieser Arbeit geht dann unter Berücksichtigung der Biosynthese auf die Biochemie einer ausgewählten Stoffklasse ein, nämlich auf die

der octadecanoiden Signalstoffe.
Wer sich mit solchen chemischen Reaktionsabläufen nicht beschäftigen möchte, der kann ohne weiteres sofort mit dem dritten Teil beginnen, der sich mit der Biologie dieser Gruppe beschäftigt. Hier soll besonders ihrer physiologischen Funktion im Zusammenhang mit verschiedenen Abwehrreaktionen, bei denen Pflanzen "im Streß" sind, nachgegangen werden.
Es wird festzuhalten sein, daß die octadecanoiden Signalstoffe das Band sind, das die verschiedenen Aspekte zusammenhält. So ist man z.B. bei der Mechanotransduktion auf interessante Parallelen zu pflanzlichen Abwehrreaktionen gegen Fraßfeinde und Krankheitserreger gestoßen.

1.2 Fünf klassische Pflanzenhormone

Bei vielen Tieren und auch dem Menschen wird die Koordination zwischen den einzelnen Teilen des Organismus durch nervöse und hormonale Signale bewerkstelligt. Bei Pflanzen fehlt ein solches Nervensystem, so daß die Abstimmung zwischen den einzelnen Zellen, Geweben oder Organen auf einem anderen Wege erfolgen muß. So hat sich die Fähigkeit entwickelt, eine Vielzahl an organischen Komponenten produzieren zu können, die einige interessante Eigenschaften besitzen. Man spricht hierbei von chemischen Botenstoffen, den sogenannten Hormonen. Dieser Begriff stammt eigentlich aus dem Bereich der Säugetiere und bezeichnet ganz allgemein Stoffe, die im Organismus synthetisiert werden und an verschiedene Organe, Gewebe oder Zellgruppen, die vom Bildungsort mehr oder weniger entfernt liegen können, Signale oder Botschaften übermitteln und so auf deren Funktion bestimmte physiologische Wirkungen ausüben (RÖMPP, 1997). Diese Definition gilt in diesem allgemeinen Rahmen sicherlich auch für das Pflanzenreich.

Vor etwa 60 Jahren erschien das Buch „Phytohormone“ (WENT und THIMANN, 1937), das sich als erstes literarisches Werk explizit mit Pflanzenhormonen beschäftigte, wobei allerdings zu diesem Zeitpunkt nur die Stoffklasse der Auxine angesprochen war; andere Substanzen wurden aber auf der Grundlage von Experimenten bereits erahnt. In den letzten Jahrzehnten hat man nun vehement neues Wissen über pflanzliche Hormonsysteme gewonnen, nicht zuletzt weil sich viele neue Untersuchungsmöglichkeiten etabliert haben, wenn man z.B. an analytische Nachweismethoden wie etwa den Einsatz von radioaktiven Liganden oder aber an die Fortschritte in der Molekulargenetik denkt (KENDE und ZEEVAART, 1997). Die Forschung ist also ein gutes Stück vorangekommen seit den Experimenten Darwins über den Phototropismus von Koleoptilen von Graskeimlingen in den Jahren um 1880, die das Vorhandensein von Substanzen mit Signalwirkung erahnen ließen und in denen der Ursprung der Untersuchung von Pflanzenhormonen gesehen werden darf.

Die Phytohormone können eingeteilt werden in überwiegend fördernde

(Auxine, Gibberelline, Cytokinine) und überwiegend hemmende (Abscisinsäure, Ethylen) Stoffe, obwohl anzumerken ist, daß diese Einteilung auch eine Frage der Definition ist, denn beispielsweise kann die Beschleunigung von Blattfall durch Abscisinsäure einerseits als Hemmung von physiologischer Aktivität oder aber andererseits auch als Förderung der Ausbildung einer Trennzone an der Blattbasis betrachtet werden. Ebenfalls sollte nicht vernachlässigt werden, daß Hormone immer im wechselseitigen Verhältnis zueinander aktiv sind.

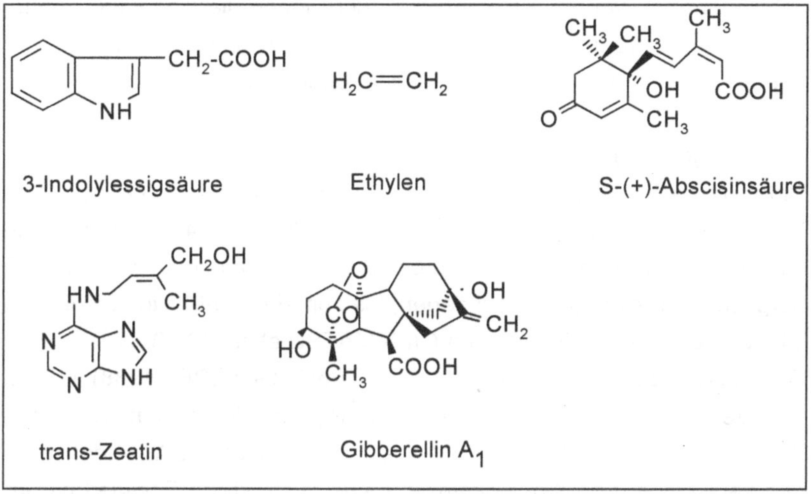

3-Indolylessigsäure Ethylen S-(+)-Abscisinsäure

trans-Zeatin Gibberellin A_1

Abb. 1.1 Strukturen von Vertretern der fünf klassischen Pflanzenhormone (verändert nach KENDE und ZEEVAART, 1997)

1.2.1 Auxine

Bei den Auxinen handelt es sich um natürlich vorkommende oder synthetisch hergestellte organische Substanzen, die als Hauptwirkungen das Streckungswachstum von Sprossen fördern und das Längenwachstum der Wurzeln hemmen (DAVIES, 1995).

Das erste bekannte Auxin in Pflanzen ist die 3-Indolylessigsäure (siehe Abbildung 1.1). Sie ähnelt in ihrer Struktur dem Tryptophan, das als eine gesicherte Vorstufe dieses Phytohormons gilt, wobei jedoch verschiedene Reaktionsschemata möglich sind (KENDE und ZEEVAART, 1997). Daneben existiert nach NORMANLY et al. (1993) noch mindestens ein vom Tryptophan unabhängiger Biosyntheseweg.

3-Indolylessigsäure liegt nicht nur als freie Säure vor, sondern kann mit Aminosäuren, Peptiden oder Kohlenhydraten konjugieren. Möglicherweise findet dieser Schritt zum Zwecke der Speicherung statt, denn es geht hierbei die biologische Aktivität verloren (HANGARTER und GOOD, 1981).

Die Ergebnisse von MURPHY et al. (2000) legen die Vermutung nahe, daß der polar verlaufende Transport dieses Phytohormons durch Aminopeptidasen und endogene Flavonoide reguliert wird.

1.2.2 Gibberelline

Unter dieser Stoffklasse versteht man chemisch gesehen tetracyclische Diterpene, die einen Gibbanring enthalten. Vor etwa 40 Jahren wurde das erste Gibberellin mit dem Namen GA_1, das auch in der Abbildung 1.1 dargestellt ist, eindeutig beschrieben; bis zum Jahr 1997 sind insgesamt 112 Vertreter identifiziert worden (HISAMATSU et al., 1997).

Die Biosynthese der Gibberelline kann nach GRAEBE (1988) in drei Schritte eingeteilt werden: vom Geranylgeranyldiphosphat zum ent-Kauren, vom ent-Kauren zum GA_{12}-Aldehyd und vom GA_{12}-Aldehyd zu den verschiedenen Gibberellinen. Auf eine ausführliche Schilderung der Biosynthese soll aus Gründen der Übersichtlichkeit verzichtet werden.

Von den bekannten Gibberellinen sind nur wenige aktiv. Die wichtigsten Wirkungen sind nach DAVIES (1987) die Förderung des Streckungswachstums und der Cambiumtätigkeit, die Synthese von Speicherstoff mobilisierenden Enzymen in der Aleuronschicht von Gerstenkörnern wie beispielsweise der α-Amylase sowie die Auslösung von Parthenokarpie bei Tomaten und Äpfeln.

1.2.3 Cytokinine

Cytokinine sind Adeninderivate, an deren Stickstoffatom in der Position 6 eine unpolare Seitenkette (z.B. ein C_5-Rest) zu finden ist. Diese Stoffe fördern, wie der Name schon sagt, die Zellteilung („Cytokinesis"), und es kann durch sie zu einer Steigerung des Stoffwechsels und der Proteinsynthese kommen (KULAEVA, 1981). Es gibt natürlich vorkommende Vertreter dieser Hormonklasse, z.B. das trans-Zeatin (siehe Abbildung 1.1), und auch synthetische Cytokinine wie etwa die allgemein bekannte Substanz Kinetin.

Die Biosynthese ist bis heute noch nicht eindeutig geklärt; Arbeiten von MOTYKA et al. (1996) lassen vermuten, daß das Enzym Cytokinin-Oxidase eine gewisse regulatorische Funktion übernimmt.

1.2.4 Abscisinsäure

Der Name dieses Phytohormons ist eigentlich auf Umwegen entstanden. Nachdem als Wirkung die Induktion von Fruchtfall beobachtet worden war, wurde zunächst der Name „Abscisin II" eingeführt. Eine andere Forschergruppe wies diese Substanz unabhängig davon in laubabwerfenden Bäumen als Auslöser der Knospenruhe nach und nannte sie „Dormin". Als Kompromiß, denn schließlich handelte es sich in beiden Fällen um den gleichen Stoff, einigte man sich dann auf „Abscisinsäure" (ADDICOTT et al., 1968).

Schon relativ früh wurde entdeckt, daß sich bestimmte Strukturen der Abscisinsäure (siehe Abbildung 1.1) und diverse Endgruppen einiger Carotenoide ähneln, was die Vermutung nahelegt, daß es sich bei diesem Phytohormon um ein Abbauprodukt dieser Stoffklasse handeln könnte. Radioaktive Markierungsexperimente von ZEEVAART et al. (1991) sowie Untersuchungen an speziellen Mutanten (SEO et al., 2000) scheinen diese Hypothese zu stützen.

Es ist zu beobachten, daß die Produktivität der Abscisinbiosynthese schlagartig ansteigt, sobald eine Pflanzenzelle ihren Turgor verliert (ZEEVAART und CREELMANN, 1988). Dies wirft die Frage auf, an welcher Stelle der Biosyntheseweg durch Wasserstreß reguliert wird. Die

Autoren vermuten, daß die Spaltung der Epoxycarotenoide die betreffende Stelle ist.

1.2.5 Ethylen

Die Beobachtung, daß Bäume in der Nähe von Gasleitungen relativ früh ihre Blätter verlieren, warf vor einigen Jahren die Vermutung auf, ob es sich bei Ethylen um ein Phytohormon handeln könnte. Dieses Alken, dessen einfache Strukturformel in Abbildung 1.1 zu finden ist, ist im Gegensatz zu den anderen bereits angeführten Hormonen gasförmig und kann somit sogar über die Luft auf andere Pflanzen wirken.

Die Biosynthese geht nach YANG und HOFFMANN (1984) von der Aminosäure Methionin aus, es folgen die Enzyme ACC-Synthase und ACC-Oxidase, wobei die Abkürzung ACC 1-Aminocyclopropan-1-carbonsäure bedeutet.

Neben der Förderung von Blattfall und somit der Beschleunigung der Senszenz ist als Wirkung von Ethylen auch noch die epinastische Verkrümmung von Blattstielen zu nennen (LÜRSSEN, 1981).

Da diese Erscheinungen in der Landwirtschaft höchst unerwünscht sind, wird auf der Basis der gefundenen molekularen Struktur der ACC-Synthase (CAPITANI et al., 1999) über mögliche Inhibitoren nachgedacht.

1.3 Neuere Pflanzenhormone

Neben den in Abschnitt 1.2 aufgeführten fünf klassischen Pflanzenhormonen gibt es noch eine Gruppe von pflanzlichen Wachstumsregulatoren, deren Bedeutung erst in den letzten Jahren richtig entdeckt worden ist. Es handelt sich hierbei um Oligosaccharine, Brassinosteroide und die Jasmonate; manche Autoren zählen auch noch andere Stoffe wie Salicylsäure (RASKIN, 1992) und Polyamine (KAKKAR und RAI, 1993) hinzu.

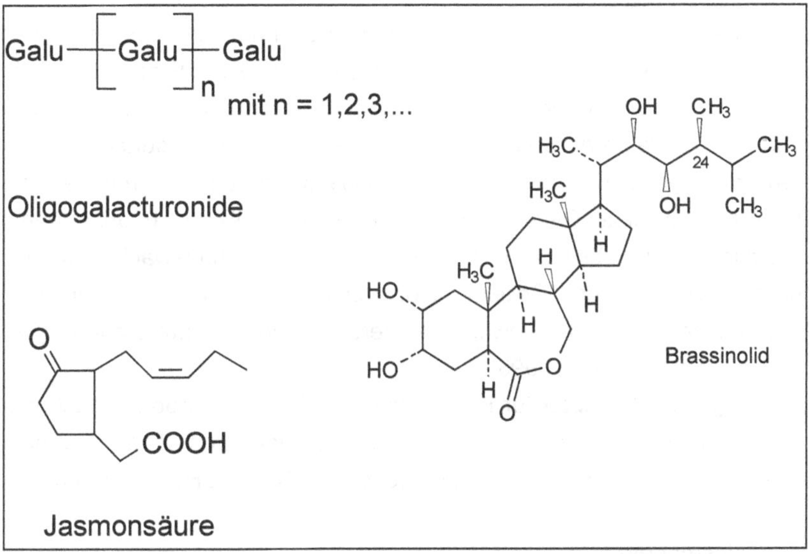

Galu–[Galu]$_n$–Galu mit n = 1,2,3,...

Oligogalacturonide

Jasmonsäure

Brassinolid

Abb. 1.2 Strukturen von Vertretern der neueren Pflanzenhormone (Galu = Galacturonsäure (α-Galactopyranuronsäure))

1.3.1 Oligosaccharine

Oligosaccharine sind pflanzliche komplexe Kohlenhydrate, die das Wachstum und die Entwicklung von Pflanzen beeinflussen können (RÖMPP, 1997). So liefert z.B. die chemische bzw. enzymatische partielle Hydrolyse von Pektinen, die ja einen Hauptbestandteil der pflanzlichen Primärwand darstellen, biologisch aktive pektinische Oligosaccharine, man nennt sie auch Oligogalacturonide (siehe Abbildung 1.2), die die Blütenbildung induzieren und die Entwicklung von Wurzeln inhibieren können (EBERHARD et al., 1989). Auf YORK et al. (1984) geht die Entdeckung spezieller Glucane zurück, wobei es sich ebenfalls um komplexe Kohlenhydrate handelt, die den Hemicellulosen in der pflanzlichen Zellwand zuzurechnen sind. Die Autoren konnten auch bei dieser Stoffklasse einen Einfluß auf die Entwicklung von Pflanzen feststellen.

1.3.2 Brassinosteroide

Die Brassinosteroide sind eine Gruppe von natürlich vorkommenden Polyhydroxysteroiden. Sie wurden als erstes von GROVE et al. (1979) in der Form der Verbindung Brassinolid (siehe Abbildung 1.2) in den Pollen von Raps, *Brassica napus* L., nachgewiesen. In den folgenden Jahren fand man weitere Vertreter dieser Stoffklasse, deren Biosynthese noch nicht bis ins letzte Detail geklärt ist, in allen möglichen Pflanzenarten. Brassinosteroide bewirken in Pflanzen ein Streckungswachstum, das durch Zellteilung und Zellelongation hervorgerufen wird, die Inhibition des Wurzelwachstums sowie eine Verzögerung von Laubabwurf (SAKURAI und FUJIOKA, 1993).

Ein möglicher Rezeptor für Brassinolid ist gefunden worden, jedoch existieren immer noch Unklarheiten, wie das Signalsystem dieser Hormongruppe im Detail organisiert ist (SCHUMACHER und CHORY, 2000).

1.3.3 Jasmonate

Die Jasmonate lassen sich zur Gruppe der octadecanoiden Signalstoffe zählen, die Gegenstand der weiteren Ausführungen sein wird.

2. Biochemie der octadecanoiden Signalstoffe

2.1 Vorbemerkungen

2.1.1 Fettsäuren als wichtiger Bestandteil von Pflanzen

Fettsäuren sind seit mehreren Jahrzehnten als Signalstoffe in Pflanzen bekannt. Bereits vor 60 Jahren wird in den Arbeiten von ENGLISH et al. (1939) Traumatinsäure als Promotor für die Zellteilung in verwundetem Mesokarp von Bohnen beschrieben. Ebenfalls in diese Zeit fällt übrigens die erste Isolierung der 3-Indolylessigsäure, einem Auxin (siehe Kapitel 1.2.1), aus pflanzlichem Gewebe (HAAGEN-SMITT et al., 1942).

Was sind jedoch überhaupt Fettsäuren? Durch die Oxidation primärer Alkohole erhält man Monocarbonsäuren mit der allgemeinen Formel:

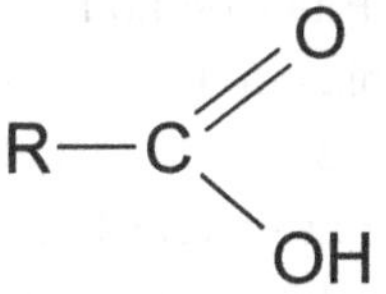

$$R{-}C(=O){-}OH \qquad R: C_nH_{2*n+1} \quad \text{mit } n: 1, 2, 3, \ldots$$

Abb. 2.1 Allgemeine Struktur einer Monocarbonsäure

Das Charakteristische dieser Stoffklasse ist die sogenannte Carboxylgruppe (–COOH).

Einige höhere Carbonsäuren treten als Bestandteile der Fette auf, man bezeichnet sie deswegen auch als Fettsäuren. Dabei handelt es sich meist um geradkettige, unverzweigte, gesättigte oder ungesättigte Verbindungen, die drei bis achtzehn Kohlenstoffatome enthalten können. Die Trivialnamen der Fettsäuren erinnern an ihre Herkunft aus dem Tier- oder Pflanzenreich; als Beispiele seien genannt:

- Palmitinsäure $H_3C\text{-}(CH_2)_{14}\text{-}COOH$
- Stearinsäure $H_3C\text{-}(CH_2)_{16}\text{-}COOH$.

Fette, die als Hauptbestandteile der Fettspeicherzellen der Tiere und

Pflanzen eine wichtige Nahrungsreserve darstellen, sind nun chemisch gesehen Ester dieser Fettsäuren mit einem einzigen Alkohol, nämlich dem Glycerin ($HOCH_2CHOHCH_2OH$), die man auch als Glyceride bezeichnet; genau genommen sind es Triacyglycerine.

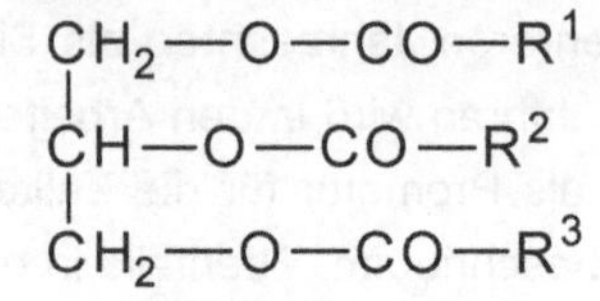

$$
\begin{array}{l}
CH_2-O-CO-R^1 \\
| \\
CH-O-CO-R^2 \\
| \\
CH_2-O-CO-R^3
\end{array}
$$

Triacylglycerin

Abb. 2.2 Allgemeine Struktur eines Triacylglycerins (RÖMPP, 1997)

Heute weiß man, daß sich viele Stoffe, die in Pflanzen an Prozessen der Signalweitergabe beteiligt sind, von eben diesen Fettsäuren ableiten (FARMER, 1994). Für oxygenierte Derivate, auch die octadecanoiden Signalstoffe können da hinzugezählt werden, hat sich nach GERWICK et al. (1991) der Begriff *Oxylipine* eingebürgert (vgl. Kapitel 2.1.3).

2.1.2 Octadecanoide Signalstoffe - Eine erste Annäherung

Die in Abbildung 1.2 dargestellte Jasmonsäure (JA) gehört zu einer aufgrund von Neuentdeckungen stetig wachsenden Gruppe von strukturell und biochemisch ähnlichen Stoffen, die Jasmonate oder aber Octadecanoide genannt werden, da sie sich von der α-Linolensäure, einem C_{18}-Körper, ableiten (von lat. *octadecan* = achtzehn). Beide Namen können durchaus gleichberechtigt verwendet werden.

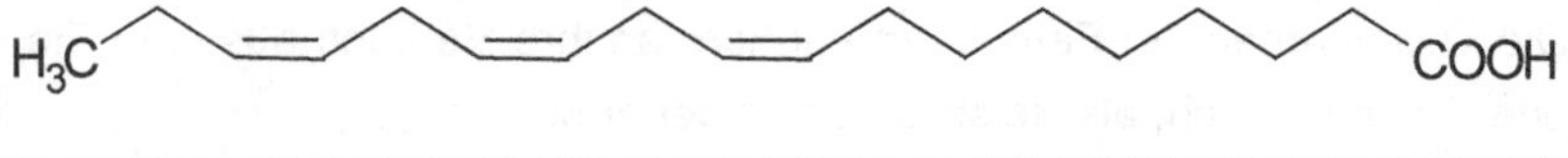

H_3C … COOH

Abb. 2.3 Struktur der α-Linolensäure ($CH_3CH_2CH{=}CHCH_2CH{=}CHCH_2CH{=}CH(CH_2)_7COOH$)

In den sechziger Jahren wurde der Jasmonsäure-Methylester (JA-Me) zunächst von DEMOLE et al. (1962) als Hauptbestandteil des Blütenduftes von Jasmin (*Jasminum grandiflorum* L.) und später dann auch von CRABALONA (1967) bei Rosmarin (*Rosemarinus officinalis* L.) identifiziert, was aufgrund des Wohlgeruches dieser Substanz bei der Parfumindustrie großes Interesse fand.

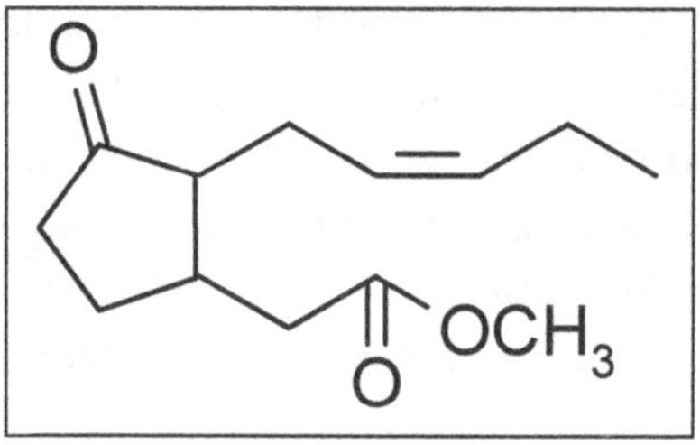

Abb. 2.4 Struktur von JA-Me

JA als freie Säure dieses Esters, der in Abbildung 2.4 gezeigt ist, konnte man schließlich aus einem Kulturfiltrat des Pilzes *Lasiodiplodia theobromae* gewinnen und zwar unter der Beobachtung, daß jene Substanz pflanzliches Wachstum unterbinden kann (ALDRIGE et al., 1971).

Das Startsignal zur genaueren Untersuchung der Jasmonate gab die Entdeckung von UEDA und KATO (1980), daß es sich bei einem Stoff, der aus *Artemisia absinthium* isoliert worden ist und in bestimmten Pflanzen Blattseneszenz fördert, um ein Isomer des JA-Me handelt. KODA und OKAZAWA (1988) fanden in den Blättern der Kartoffel (*Solanum tuberosum* L.) eine chemische Verbindung, die die Knollenbildung induzieren kann; sie ähnelt völlig überraschend in ihrer Struktur der JA.

Viele ähnliche Entdeckungen bei anderen Pflanzenarten folgten, so daß es heute als gesichert gilt, daß die octadecanoiden Signalstoffe eine große Substanzklasse bilden und an der Regulation von pflanzlichen Funktionen beteiligt sind, wobei den Abwehrreaktionen gegen biotische und abiotische Stressoren eine besondere Rolle zufällt (SEMBDNER und PARTHIER, 1993).

2.1.3 Isoprostane und Oxylipine

Es klang im Kapitel 2.1.1 bereits schon an, daß es neben den Jasmonaten, denen die Forschung in den letzten Jahren ein verstärktes Interesse gewidmet hat, noch andere bedeutsame oxygenierte Fettsäuren gibt.

So werden an dieser Stelle die sogenannten Dinor-Isoprostane erwähnt, die in Pflanzen nach PARCHMANN und MUELLER (1998) aus α-Linolensäure gebildet werden können, wobei bei der Synthese analog zur Entstehung von Isoprostanen aus Arachidonsäure, einer C_{20}-Säure, beim Menschen Reaktionen von freien Radikalen eine wichtige Rolle spielen sollen. Das Präfix *Dinor-* zeigt das Fehlen von zwei Kohlenstoffatomen im Vergleich zu den entsprechenden Stoffen bei den Säugern an.

In Untersuchungen konnte man zeigen, daß zum einen die Entstehung von Dinor-Isoprostanen durch aus Soja gewonnener Lipoxygenase, einem Enzym, das in der Jasmonatbiosynthese eine wichtige Funktion übernimmt (vgl. Abschnitt 2.3), katalysiert wird. Zum anderen ist die Neusynthese *in vivo* auch tatsächlich zu beobachten (PARCHMANN und MUELLER, 1998). Der biologische Stellenwert der Dinor-Isoprostane in Pflanzen ist hingegen noch nicht eindeutig geklärt.

Allgemein kann man festhalten, daß die vielen möglichen Produkte von Lipoxygenasen zahlreiche Ausgangsstoffe für die Entstehung von interessanten oxygenierten Fettsäuren darstellen. Der Begriff *Oxylipine*, der im Zusammenhang mit dieser Stoffklasse angeführt wird, ist bereits an anderer Stelle vorgestellt worden. Eine Arbeit von GRECHKIN (1998) legt nahe, Hydroperoxidlyase, Peroxygenase und Allenoxidsynthase als die wichtigsten weiterverarbeitenden Enzyme zu nennen, wobei deren Produkte, die Oxylipine also, an diversen pflanzlichen Abwehrprozessen beteiligt sind (BLEE, 1998).

So liegt es jetzt auf der Hand, daß die octadecanoiden Signalstoffe, die ja auf dem Weg über das Enzym Allenoxidsynthase entstehen (vgl. Kapitel 2.3.4), im großen System der Oxylipine nur ein Bestandteil neben vielen anderen sind.

2.2 Strukturelle Vielfalt und Vorkommen der Octadecanoide

2.2.1 Überblick

Abbildung 2.5 zeigt eine Auswahl an octadecanoiden Signalstoffen, die nach mehreren Jahren intensiver Forschung mit ihren biologischen Wirkungen bekannt sind.

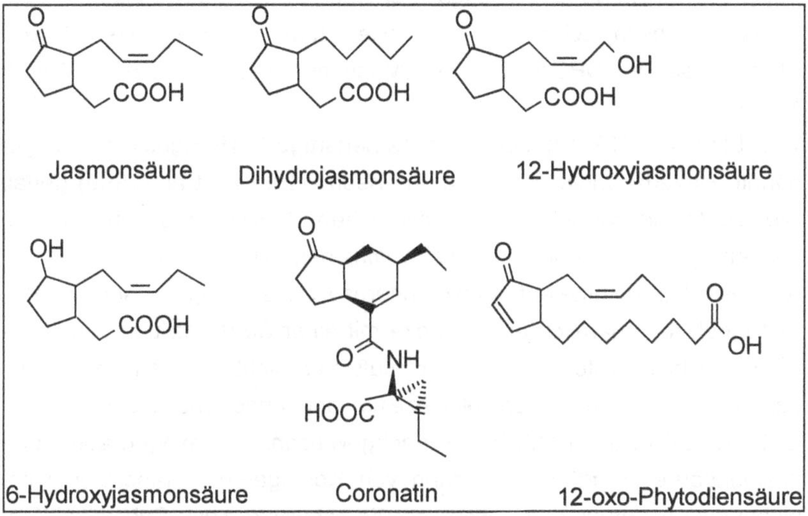

Jasmonsäure Dihydrojasmonsäure 12-Hydroxyjasmonsäure

6-Hydroxyjasmonsäure Coronatin 12-oxo-Phytodiensäure

Abb. 2.5 Einige Vertreter der octadecanoiden Signalstoffe

Die Jasmonsäure findet sich wahrscheinlich generell in Höheren Pflanzen (MEYER et al., 1984), die Wirkung ihres flüchtigeren Methylesters ist bereits oben angeführt worden. Dihydrojasmonsäure, die durch Reduktion von Jasmonsäure oder direkt aus Linolensäure erhalten werden kann, soll nach WEILER et al. (1993), so wurde in einigen aber nicht allen Biotests gezeigt, ebenfalls biologisch aktiv sein.

KODA und OKAZAWA (1988) identifizierten ein Konjugat als knollenbildende Substanz in der Kartoffel, was hierfür den Namen *tuberonic acid* (von engl. *tuber*: Knolle) aufbrachte. Man stellte fest, daß diese Substanz sich von der 12-Hydroxy-Jasmonsäure ableitet. Durch Reduktion von Jasmonsäure erhält man die wahrscheinlich inaktive 6-Hydroxyjasmonsäure, die sich durch das Fehlen der 6-Oxo-Gruppe auszeichnet (WEILER et al., 1998). Sowohl *tuberonic acid* als auch 6-Hydroxyjasmonsäure können als Glucosylester vorliegen (XIA und ZENK, 1993), die Jasmonsäure durchaus auch als Aminosäurenkonjugat, wie etwa als L-Isoleucin-Derivat (BRÜCKNER et al., 1988).

Völlig überraschend zeigen sogar Vorstufen in der Biosynthese der Jasmonsäure biologische Aktivität, wie zum Beispiel die 12-oxo-Phytodiensäure (OPDA) bei der Mechanotransduktion (STELMACH, 1998).

WEBER et al. (1997) haben übrigens neuartige C-16-Signalstoffe, sogenannte Hexadecanoide entdeckt, die nach WEILER et al. (1999) genau wie die Octadecanoide zu den cyclischen Oxylipinen gezählt werden können und an pflanzlichen Abwehrreaktionen beteiligt sind.

An dieser Stelle sollte auf ein besonderes Problem hingewiesen werden. Behandelt man nämlich eine Pflanze mit einer Substanz und erzielt damit einen bestimmten Effekt, dann muß dies nicht zwingend bedeuten, daß jene Substanz auch gleichzeitig der endogene Regulator ist. SEMBDNER et al. (1988) haben nachgewiesen, daß exogen applizierte Jasmonsäure sofort unter Bildung von Konjugaten metabolisiert wird, wobei dies eventuell dem Zweck der Speicherung dient. Schließlich lassen neuere Arbeiten von HAMBERG und GARDNER (1992) vermuten, daß die physiologische Wirkung von Methyljasmonat auf die freie Säure zurückzuführen ist. Hingegen konnten KRAMELL et al. (2000) Octadecanoide finden, die bestimmte Gene anschalten, ohne in Jasmonate konvertiert zu werden.

2.2.2 Coronatin: Ein Jasmonatanalogon

Abschließend soll noch auf einen Stoff eingegangen werden, der in der Abbildung 2.5 den octadecanoiden Signalstoffen zugeordnet worden ist; gemeint ist das Coronatin. Hierbei handelt es sich um ein bakterielles Toxin, das von dem für Pflanzen schädlichen Pathogen *Pseudomonas syringae* synthetisiert wird. Es bewirkt eine drastisch beschleunigte lokale Seneszenz (FERGUSON und MITCHELL, 1985), die sich in einer Gelbfärbung der erkrankten Stelle äußert. Coronatin vermag in angrenzende Gewebe zu diffundieren, um dort ebenfalls wirksam zu werden.

In Studien von WEILER et al. (1994) konnte nachgewiesen werden, daß Coronatin nicht in der Lage ist, die Akkumulation von Jasmonsäure, die ja auch Seneszenz fördern kann (vgl. Abschnitt 3.6), in den betroffenen Geweben zu induzieren. Auch wird Coronatin nicht in diese umgewandelt, so daß auf dem Wege seine Wirksamkeit nicht erklärt werden kann. Aufgrund der Tatsache, daß Coronatin in seiner dreidimensionalen Struktur erheblich der OPDA, der Vorstufe der Jasmonsäure, ähnelt, vermuten die Autoren, daß dieses Phytotoxin durch die Nachahmung von octadecanoiden Signalstoffen in Höheren Pflanzen wirksam werden kann.

2.2.3 Strukturelle Besonderheiten

Die Jasmonsäure besitzt zwei chirale Kohlenstoffatome an den Positionen C_3 und C_7 im Cyclopentanring, was auf das Vorhandensein von vier Stereoisomeren schließen läßt.

Bei der Biosynthese von Jasmonsäure entsteht biologisch aktive (+)-7-iso-Jasmonsäure (3R,7S), die im Verhältnis von 1:9 in ihre diastereomere Form (-)-Jasmonsäure (3R,7R) isomerisiert (QUINKERT et al., 1982). Nach SEMBDNER und PARTHIER (1993) kommen die beiden anderen theoretisch möglichen Enantiomere (-)-7-iso-Jasmonsäure (3S,7R) und (+)-Jasmonsäure (3S,7S) in Pflanzen nicht natürlich vor.

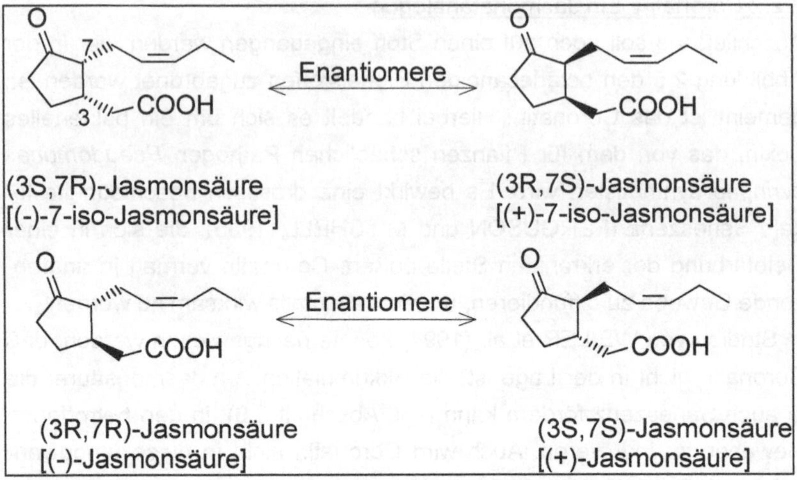

Enantiomere

(3S,7R)-Jasmonsäure
[(-)-7-iso-Jasmonsäure]

(3R,7S)-Jasmonsäure
[(+)-7-iso-Jasmonsäure]

Enantiomere

(3R,7R)-Jasmonsäure
[(-)-Jasmonsäure]

(3S,7S)-Jasmonsäure
[(+)-Jasmonsäure]

Abb. 2.6 Darstellung der möglichen Isomere der Jasmonsäure (verändert nach SEMBDNER und PARTHIER, 1993)

Die Stereoisomerie der anderen Jasmonate läßt sich von der der Jasmonsäure durchaus ableiten. So besitzt beispielsweise die 12-Hydroxyjasmonsäure ebenfalls vier Stereoisomere, während bei der 6-Hydroxyjasmonsäure aufgrund des zusätzlichen chiralen Kohlenstoffatoms acht Stereoisomere zu verzeichnen sind.

2.3 Biosynthese der Jasmonsäure

2.3.1 Die Biosynthese im Überblick

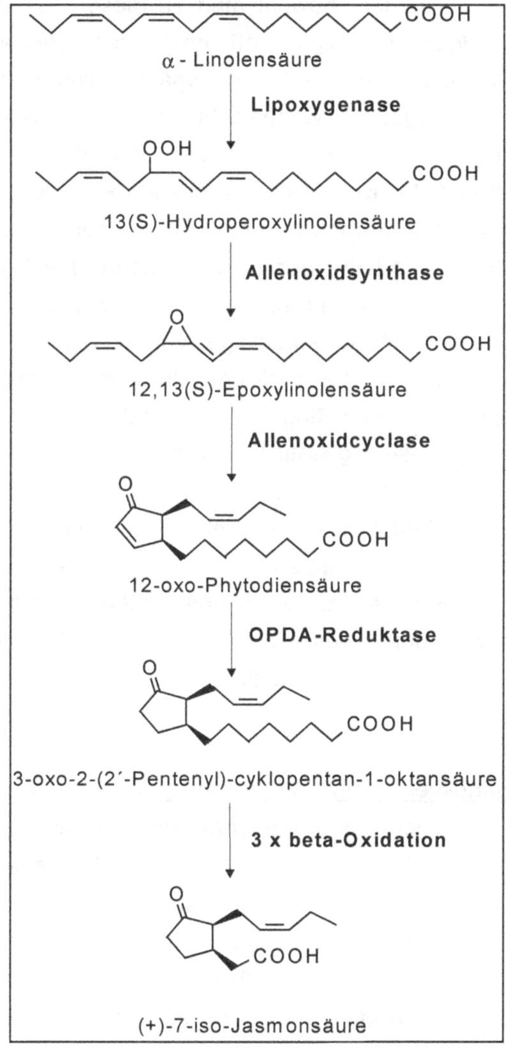

Abb. 2.7 Biosynthese der Jasmonsäure (verändert nach VICK und ZIMMERMANN, 1984)

Der grundsätzliche Ablauf der Biosynthese von Jasmonsäure ausgehend von α-Linolensäure ist bereits von VICK und ZIMMERMANN im Jahre 1984 veröffentlicht worden, obwohl man zu dieser Zeit über die Wirkungsweise octadecanoider Signalstoffe noch recht wenig wußte.

An dieser Stelle sollen die Reaktionen zunächst einmal zusammenfassend im Überblick dargestellt werden (Abbildung 2.7), bevor dann in den nachfolgenden Kapiteln auf Details eingegangen wird.

Zunächst katalysiert das Enzym Lipoxygenase den Einbau von molekularem Sauerstoff am C_{13}-Atom der Fettsäure α-Linolensäure. Dann wird die dabei entstehende 13-Hydroperoxylinolensäure (HPOT) durch Allenoxidsynthase in das Allenoxid 12,13-Epoxylinolensäure umgewandelt. Allenoxidcyclase führt diese kurzlebige Verbindung in 12-oxo-Phytodiensäue (OPDA), dem ersten cyclischen Intermediat dieser Synthese, über. Die Doppelbindung im Ring jener Verbindung wird durch das Enzym OPDA-Reduktase gesättigt, wodurch 3-oxo-2(2′-Pentenyl)-cyclopentanoctansäure (OPC-8:0) entsteht. Im letzten Schritt werden durch dreimalige β-Oxidation sechs Kohlenstoffatome aus der Carboxylseitenkette der OPC-8:0 entfernt, und es entsteht das (3R,7S)-Enantiomer der Jasmonsäure (VICK und ZIMMERMANN, 1984), das aber zu 90 Prozent durch Keto-Enol-Tautomerie in die energetisch begünstigte trans-Form in (3R,7R)-Konfiguration umgewandelt wird (QUINKERT et al., 1982).

2.3.2 Die Ausgangsverbindung der Jasmonatbiosynthese

Es stellt sich zunächst einmal die berechtigte Frage, woher die Ausgangsverbindung der Jasmonatbiosynthese, die α-Linolensäure, stammt. Diese Fettsäure ist in freier Form im Cytosol einer Pflanzenzelle nur wenig enthalten, sie kommt aber dafür in pflanzlichen Membranen vor (HOPPE und HEITEFUSS, 1974). FARMER und RYAN (1992b) vermuten daher eine membrangebundene Phospholipase, die als Antwort auf extrazelluläre Signale α-Linolensäure aus den Membranen freisetzt.

2.3.3 Das Enzym Lipoxygenase

Der erste Schritt innerhalb des sogenannten Vick-Zimmermann-Weges wird durch das Enzym Lipoxygenase katalysiert. Es ist in pflanzlichen Geweben nicht selten zu finden und fördert den Einbau von molekularem Sauerstoff in bestimmte mehrfach ungesättigte Fettsäuren, wie es in der Abbildung 2.8 als möglicher Reaktionsverlauf formal gezeigt ist. Da hierdurch die Qualität von bestimmten Getreiden in bezug auf ihre Eignung als Lebensmittel verschlechtert wird, steht die Lipoxygenase schon seit längerer Zeit im Blickpunkt des wissenschaftlichen Interesses (ESKIN et al., 1977).

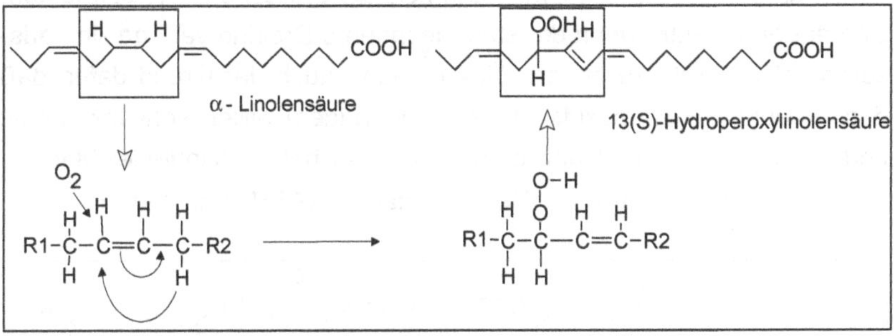

α-Linolensäure

13(S)-Hydroperoxylinolensäure

Abb. 2.8 Reaktion der Lipoxygenase

Das Enzym existiert in mehreren Isoformen, die sich in ihrem pH-Optimum und der Substratspezifität unterscheiden (OHTA et al., 1986). Von der genetischen Modellpflanze *Arabidopsis thaliana* (L.) Heynh. liegen bis jetzt zwei solcher Isoformen der Lipoxygenase kloniert vor: LOX1 und LOX2 (BELL und MULLET, 1993). Pflanzen, in denen die Ausbildung der LOX2-Form unterdrückt wird, sind nicht mehr in der Lage, Jasmonsäure einwandfrei zu synthetisieren (BELL et al., 1995).

Der enzymkatalysierte Einbau von molekularem Sauerstoff in die α-Linolensäure kann entweder an der C_9- oder der C_{13}-Position erfolgen. Im Falle der Jasmonatbiosynthese wird die C_{13}-Position bevorzugt, ansonsten würde ein anderes Endprodukt entstehen.

Dieser erste Schritt ist wohl nicht als spezifisch für den Vick-Zimmermann-Weg anzusehen, da Lipoxygenasen in Pflanzen in relativ großen Mengen vorkommen und die gebildete HPOT als Substrat für viele andere Enzyme wie etwa eine Hydroperoxidlyase dient, wie BLEE und JOYARD (1996) zeigen konnten.

2.3.4 Das Enzym Allenoxidsynthase

Im nächsten Schritt findet eine Dehydratisierung der HPOT statt, und es bildet sich 12,13-Epoxylinolensäure. Diese Wasserabspaltung sowie eine mögliche Entstehungsweise der Epoxidbindung ist in Abbildung 2.9 formal dargestellt. Epoxide, man kann sie als cyclische Ether betrachten, sind äußerst reaktiv, denn der stark gespannte Dreiring vermag sich ausserordentlich leicht zu öffnen. Dies ist dann auch der Grund dafür, daß das Produkt der Allenoxidsynthase in wäßrigem Milieu sehr instabil ist und ungefähr mit einer Halbwertzeit von einer halben Minute leicht in die korrespondierenden α- und γ-Ketole zerfällt (BRASH et al., 1988).

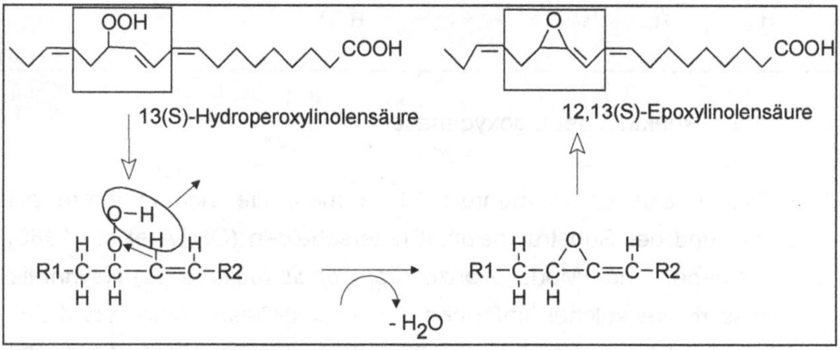

13(S)-Hydroperoxylinolensäure

12,13(S)-Epoxylinolensäure

$- H_2O$

Abb. 2.9 Reaktion der Allenoxidsynthase

Das aktive Enzym wurde zunächst als Hydroperoxidisomerase (VICK und ZIMMERMANN, 1981), später dann als Hydroperoxiddehydrase (VICK und Zimmermann, 1987) bezeichnet. Die Arbeiten von HAMBERG (1987) lieferten Hinweise auf das Vorhandensein von Allenoxiden, so daß das Enzym den bis heute gültigen Namen Allenoxidsynthase (AOS) erhalten hat. Einige Zeit später ist die AOS aus Flachssamen kloniert worden (SONG et al., 1993), was dann LAUDERT et al. (1996) auch aus *Arabidopsis thaliana* gelungen ist. Hier kennt man inzwischen auch die Struktur und Regulation jenen Genes (KUBIGSTELTIG et al., 1999), dessen Aktivität besonders bei Vorgängen der Pollenkeimung festzustellen ist.

2.3.5 Das Enzym Allenoxidcyclase

12,13-Epoxylinolensäure wird in diesem Schritt durch Allenoxidcyclase (AOC) zu 12-oxo-Phytodiensäure (OPDA) cyclisiert. Das exakte Reaktionsschema dieses Schrittes ist noch nicht bekannt, ein formal möglicher Ablauf ist in Abbildung 2.10 skizziert. So könnte das Enzym eine Elektronenverschiebung im Molekül katalysieren, wodurch ein zwitterioniger Übergangszustand entsteht. Das freie Elektronenpaar an dem einen Kohlenstoffatom vermag so das positiv geladene Kohlenstoffatom nucleophil anzugreifen, wodurch es zum intramolekularen Ringschluß kommt. Der hier formulierte Reaktionsmechanismus ist chemisch gesehen durchaus nachvollziehbar. Wie sich die Dinge *in vivo* verhalten, ist, wie schon gesagt, noch nicht geklärt.

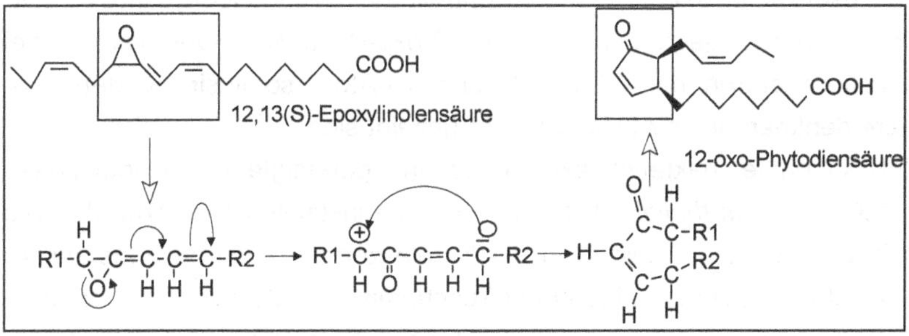

Abb. 2.10 Reaktion der Allenoxidcyclase

Nachgewiesen wurde die Allenoxidcyclase von HAMBERG und FAHLSTADIUS (1990) als cytosolisches Enzym in mehreren unterschiedlichen

Pflanzen, aus Maiskörnern konnte sie gereinigt und charakterisiert werden (ZIEGLER et al., 1997). Schließlich ist es ZIEGLER et al. (2000) gelungen, aus Blättern der Tomatenpflanze eine cDNA zu isolieren, die zur Gewinnung eines 26 kDa großen Proteins verwendet werden kann, das auch in den Chloroplasten zu finden ist, und das in der 5´- Version AOC-Aktivität zeigt. Die sterische Analyse der durch das rekombinante Enzym gebildeten OPDA zeigt, daß es sich fast ausschließlich um das 9S,13S-Enantiomer handelt, welches auch *in vivo* in verletzten Tomatenblättern entsteht.

OPDA mit seinem Cyclopentenonring besitzt bereits schon physiologische Aktivität (FARMER und RYAN 1992a), somit ist das formale Endprodukt des Vick-Zimmermann-Weges nicht die einzige aktive Komponente dieser Biosynthese.

BLECHERT et al. (1995) konnten zeigen, daß im Zusammenhang mit octadecanoiden Signalstoffen eine β-Oxidation, das ist die letzte vermutete Reaktion innerhalb der gesamten Biosynthese, für biologische Aktivität nicht zwingend benötigt wird, was diese Feststellung nachhaltig unterstützt. Besonders deutlich zeigt sich dies beim Prozeß der Rankenkrümmung (vgl. Abschnitt 3.5), wo die OPDA eine größere Bedeutung als die Jasmonsäure zu haben scheint (BLECHERT et al., 1999).

An dieser Stelle soll nun auf die Kontrolle der stereochemischen Verhältnisse näher eingegangen werden. 12-oxo-Phytodiensäure besitzt zwei Chiralitätszentren, nämlich am C_9- und C_{13}-Atom, somit sind 4 Stereoisomere denkbar, die in Abbildung 2.11 gezeigt sind.

Rekombinante, bakteriell exprimierte und gereinigte Allenoxidsynthase aus *Arabidopsis thaliana* liefert neben dem instabilen Allenoxid, das wie in Kapitel 2.3.4 geschildert in die Ketole zerfällt, auch zu ungefähr 10 Prozent ein Racemat, also ein stereochemisches Gemisch, aus cis-oxo-Phytodiensäure. Fügt man nun *in vitro* aus *Solanum tuberosum* gewonnene AOC der rekombinanten AOS hinzu, so erhält man ausnahmslos cis-(+)-OPDA; das ist auch die Form, die sich in pflanzlichen Geweben finden läßt.

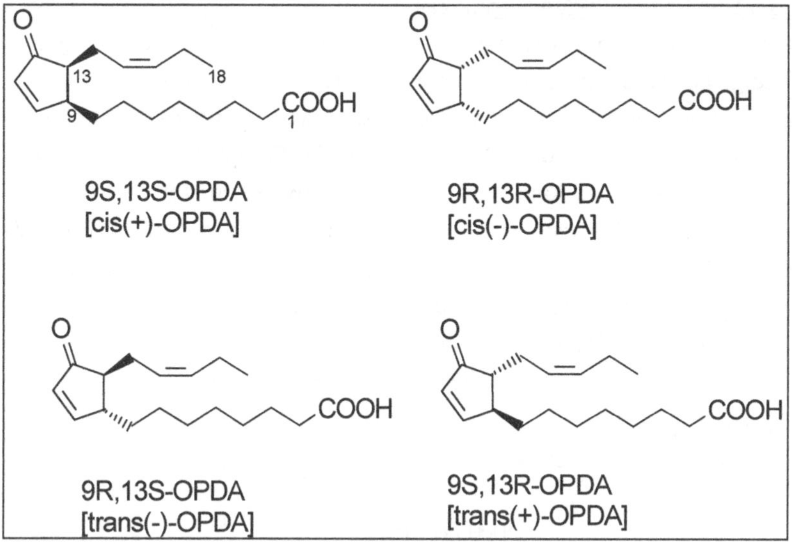

9S,13S-OPDA
[cis(+)-OPDA]

9R,13R-OPDA
[cis(-)-OPDA]

9R,13S-OPDA
[trans(-)-OPDA]

9S,13R-OPDA
[trans(+)-OPDA]

Abb. 2.11 Die vier Stereoisomere von OPDA (verändert nach SCHALLER et al., 1998)

Aus diesen Ergebnissen von LAUDERT et al. (1997) läßt sich schließen, daß die Kontrolle der stereochemischen Verhältnisse *in vitro* durch AOC und nicht durch AOS erfolgen muß. Ob dies auch für die Situation *in vivo* gilt, läßt sich nur schwer vorhersagen, da es während der Aufarbeitung und der gaschromatographischen Analyse besonders durch thermische Einflüsse zu unerwünschten Isomerisationen kommen kann, die die ursprünglichen Verhältnisse verfälschen (VICK und ZIMMERMANN, 1995). Bedenkt man neben den Befunden zur Stereochemie noch die extreme Kurzlebigkeit des Allenoxids, so wäre es durchaus möglich, daß die beiden Enzyme AOS und AOC stark miteinander assoziiert sind und vielleicht sogar einen OPDA-Synthase-Komplex bilden, was jedoch im Moment noch als rein spekulativ zu bezeichnen ist. Die verschiedenen Ergebnisse deuten aber auf jeden Fall darauf hin, daß Allenoxidsynthase und Allenoxidcyclase bei grünen Geweben im Chloroplasten lokalisiert sind (BELL et al., 1995; BLÉE und JOYARD, 1996).

2.3.6 Das Enzym OPDA-Reduktase

In der von dem Enzym katalysierten Reaktion, die in der Abbildung 2.12 gezeigt ist, wird die Doppelbindung im Cyclopentenonring der OPDA durch eine OPDA-Reduktase reduziert, wobei 3-oxo-2(2´Pentenyl)-cyclopentan-1-octansäure (OPC-8:0) entsteht. Findet dieser Reduktionsschritt nicht statt, so kann die sich normalerweise in der Jasmonatbiosynthese anschließende β-Oxidation nicht stattfinden (VICK und ZIMMERMANN, 1984). Folglich ist der OPDA-Reduktase eine gewisse Kontrollfunktion beizumessen, die sich auch auf den Übergang von der C_{18}-Körpern zum C_{12}-Produkt Jasmonsäure bezieht.

Abb. 2.12 Reaktion der OPDA-Reduktase

Das Enzym wurde zunächst aus einer Zellkultur der Pflanze *Corydalis sempervirens* in gereinigter Form gewonnen (SCHALLER und WEILER, 1997a), wobei es hier als Monomer mit einem Molekulargewicht von 41 kDa auftritt und NADPH als Coenzym benötigt, bevor dann die homologe cDNA aus *Arabidopsis thaliana* kloniert werden konnte (SCHALLER und WEILER, 1997b). Es zeigte sich, daß im Genom von *A. thaliana* zwei höchst ähnliche Gene zu finden sind: eine OPDA-Reduktase 1 (OPR1) und eine OPDA-Reduktase 2 (OPR2) (BIESGEN und WEILER, 1999), die sich, so wurde in enzymatischen Untersuchungen von SCHALLER et al. (1998) gezeigt, hinsichtlich ihrer Stereoselektivität unterscheiden.

MÜSSIG et al. (2000) konnten nun ein drittes Isoenzym der OPDA-Reduktase, OPR3, identifizieren, dessen Expression überraschenderweise durch Brassinosteroide (vgl. Kapitel 1.3.2) induziert wird. Eine

Untersuchung dieses Enzyms auf seine stereochemischen Präferenzen hin (SCHALLER et al., 2000) legen den Schluß nahe, daß es sich bei der OPR3 um das Enzym handeln muß, das bei der Jasmonatbiosynthese von großer Bedeutung ist, denn sie ist im Gegensatz zu OPR1 und OPR2 in der Lage, die 9S,13S- / cis (+)-OPDA, die nach LAUDERT et al. (1997) in pflanzlichen Geweben zu finden ist, mit großer Effizienz in OPC-8:0 umzusetzen.

Im Zusammenhang mit Untersuchungen der OPR wurden auch Vergleiche mit einem Enzym angestellt, das vor mehr als 60 Jahren aus einem gelblichen (engl.: yellow) Ferment einer Hefe von WARBURG und CHRISTIAN (1933) gewonnen wurde. Dieses daher sogenannte *Warburg's Old Yellow Enzyme* (OYE) ist das zuerst isolierte Flavoprotein. Da man in der Folgezeit noch weitere Enzyme dieser Art gefunden hat, entwickelte sich die Bezeichnung des alten (engl.: old) im Gegensatz zu neuen (engl.: new) Enzymen. Die physiologische Funktion des OYE ist für lange Zeit rätselhaft geblieben. Heute weiß man, daß es mit gleichzeitiger Oxidation eines reduzierten Nicotinamid-Cofaktors (NADPH) Doppelbindungen in bestimmten α,β-ungesättigten Carbonylverbindungen wie z.B. 2-Cyclohexenon reduzieren kann (STOTT et al., 1993). Vermutlich gehört das OYE zu einer Gruppe von miteinander verwandten Proteinen, die besonders in Pilzen und Höheren Pflanzen anzutreffen sind (FRENCH und BRUCE, 1995). Die Ergebnisse von SCHALLER und WEILER (1997 b) im Zusammenhang mit der Jasmonatbiosynthese deuten nun darauf hin, daß dieses Enzym ebenfalls OPDA-Reduktaseaktivität besitzt, was eine Zugehörigkeit beider Enzyme zu einer Familie andeuten könnte.

Die OPDA-Reduktase ist wohl nicht mit Zellorganellen wie etwa den Peroxisomen oder intakten Chloroplasten assoziiert, da man die entsprechende Enzymaktivität ausschließlich in der Fraktion der löslichen Proteine feststellen kann (SCHALLER und WEILER, 1997a).

2.3.7 Der letzte Schritt

Der letzte Schritt in der Biosynthese der Jasmonsäure ist die vermutete Abfolge von drei β-Oxidationsschritten, wodurch die acht Kohlenstoffatome zählende Seitenkette der OPC-8:0 um drei C_2-Einheiten verkürzt wird. Abbildung 2.13 zeigt einen möglichen Reaktionsverlauf. Legt man nämlich wie VICK und ZIMMERMANN (1983) markierte OPC-8:0 in einem pflanzlichen Gewebe vor, so kann man später um eine und um zwei C_2-Einheiten verkürzte markierte Derivate der Ausgangsfettsäure hieraus isolieren.

Alternativen zu dieser allgemein vermuteten Reaktionsfolge sollten jedoch weiterhin überdacht werden (WEILER et al., 1998), denn nur das Anfangs- und das Endprodukt dieses Schrittes innerhalb der Jasmonatbiosynthese liegen gesichert vor, während Intermediate, d.h. die aktivierten Thio-Coenzyme, noch nicht festgestellt werden konnten. Auch weiß man, daß die β-Oxidation von manchen ungesättigten Fettsäuren nicht immer unproblematisch verläuft (TSERNG und JIN, 1990).

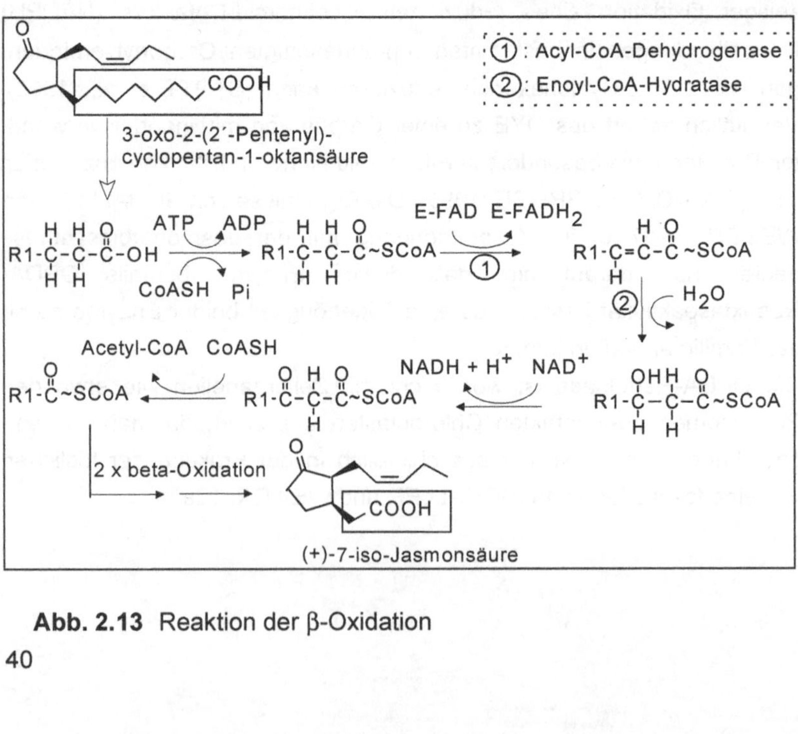

Abb. 2.13 Reaktion der β-Oxidation

2.3.8 Kompartimentierung

In Höheren Pflanzen konnte die Biosynthese von JA in unreifen Früchten, in Kotyledonen von keimenden Samen und besonders in Blättern nachgewiesen werden (VICK und ZIMMERMANN, 1984).

Interessant ist auch die intrazelluläre Organisation: Die Biosynthese der octadecanoiden Signalstoffe kann in drei Phasen eingeteilt werden, die in verschiedenen Zellkompartimenten zu finden sind, wie es in Abbildung 2.14 skizziert worden ist.

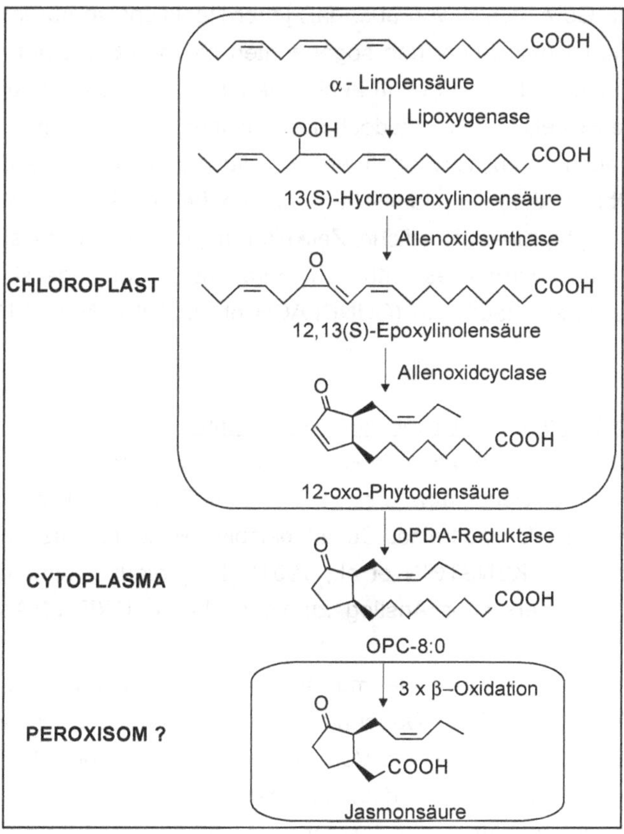

Abb. 2.14 Biosynthese der Jasmonsäure
(nach: LAUDERT, 1997)

Die erste Phase umfaßt die Reaktionen von Lipoxygenase, Allenoxidsynthase und Allenoxidcyclase. Sie ist bei grünen Geweben im Chloroplasten lokalisiert (WEILER, 1997), eine besondere Rolle scheint der Chloroplastenhüllmembran zuzufallen (BLEE und JOYARD, 1996). Dann wird OPDA wahrscheinlich im Cytosol zu OPC-8:0 reduziert, denn die Aktivität der OPR ist nur in der Fraktion der löslichen Proteine festzustellen (SCHALLER und WEILER, 1997a). In der dritten Phase wird OPC-8:0 vermutlich durch dreimalige β-Oxidation in Jasmonsäure umgewandelt. Geht man davon aus, daß jener Reaktionstyp nur in Peroxisomen und Glyoxysomen, den sogenannten *microbodies*, stattfindet, so kann man diesen letzten Schritt auch in jenen Organellen vermuten; der endgültige Beweis hierfür ist jedoch noch nicht erbracht worden.

Es sollte auch darauf verwiesen werden, daß es noch weitere Orte der Jasmonatbiosynthese in pflanzlichen Zellen geben muß, da es viele Beispiele für nichtgrüne pflanzliche Zellkulturen gibt, die, wenn sie denn Plastiden und *microbodies* enthalten, durchaus in der Lage sind, Jasmonsäure zu synthetisieren (GUNDLACH et al., 1992; MÜLLER et al., 1993).

2.3.9 Regulation und Möglichkeiten der Hemmung

Die Konzentration von Jasmonsäure innerhalb einer Pflanze variiert als Funktion von Gewebe- bzw. Zelltyp und dem Entwicklungsstand sowie als Antwort auf Umweltreize. So ist beispielsweise bei mechanischer Stimulation, (FALKENSTEIN et al., 1991), Turgorverlust oder bei Verwundung ein merklicher Anstieg zu verzeichnen (CREELMANN und MULLET, 1995).

OPDA und Jasmonsäure findet man aber auch in unverletzten Geweben (STELMACH et al., 1998), wobei nicht genau geklärt ist, ob es sich hierbei um kontinuierlich gebildete Verbindungen handelt, oder ob sie noch aus früheren Entwicklungsstadien stammen.

Die komplexe Regulation der Jasmonatbiosynthese ist in ihrer Gesamtheit noch nicht verstanden. Bekannt sind Kontrollmechanismen einzelner Reaktionen, einige werden im Anschluß auch kurz vorgestellt, ein übergreifender Zusammenhang konnte jedoch noch nicht hergestellt werden. Auch gibt es Interaktionen mit anderen Phytohormonen, verwiesen sei da auf das Kapitel 3.7.3.

Wie in Kapitel 2.3.2 beschrieben startet die Biosynthese mit der Freisetzung von α-Linolensäure aus den Membranlipiden (FARMER und RYAN, 1992b). Die Konzentration an freien Fettsäuren in pflanzlichen Zellen ist normalerweise sehr gering. Durch Gewebeverletzung werden beispielsweise große Mengen an α-Linolensäure freigesetzt (CONCONI et al., 1996). Auch nimmt die Menge an bestimmten Glyceriden, die eben diese Membranlipide bilden, bei der Mechanostimulation von Ranken der Pflanze *Bryonia* ab (WEILER et al., 1993).

Allenoxidsynthase, die HPOT in ein instabiles Allenoxid überführt, ist als das erste für die Jasmonatbiosynthese spezifische Enzym anzusehen, es katalysiert eine sogenannte ´bottleneck´-(dt.: „Flaschenhals“-) Reaktion (LAUDERT und WEILER, 1998). AOS ist wohl auch eine regelnde Größe, da in *Arabidopsis thaliana* nach Verwundung neben der AOS-Aktivität auch die Konzentration der betreffenden mRNA ansteigt (LAUDERT und WEILER, 1998). Der Hinweis, daß der Promotor dieses Enzyms durch Jasmonsäure aktiviert werden kann (KUBIGSTELTIG et al., 1999), läßt auf einen autokatalytischen Prozeß schließen, der es der Pflanze ermöglicht, sich schnell und effektiv in Alarmbereitschaft zu versetzen, was unter Umständen von lebenswichtiger Bedeutung sein kann.

Eine besondere Kontrollfunktion fällt den Enzymen AOC und OPR3 zu, da sie die stereochemischen Verhältnisse entscheidend beeinflussen können, wie es in den vorigen Kapiteln aufgezeigt worden ist. Der Stellenwert dieser Kontrolle wird offensichtlich, wenn man an die Neubildung der mRNA von OPR3 bei Verwundung oder Berührungsstimulation denkt (MÜSSIG et al., 2000).

Der Anstieg der Octadecanoidkonzentration in Pflanzen durch äußere Faktoren kann theoretisch neben der Neusynthese auch auf einer Freisetzung aus speziellen Speichermöglichkeiten beruhen. So ist ein Enzym, das Jasmonsäure aus bestimmten Konjugaten lösen kann, durchaus bekannt (HERTEL et al., 1997), jedoch bezieht sich seine Spezifität nicht auf das Isomer der Jasmonsäure, das dann auch in Pflanzen zu finden ist (MÜLLER und BRODSCHELM, 1994). So beruht die von aussen induzierte Akkumulation von JA wohl überwiegend auf einer Neusynthese.

In diesem Zusammenhang läßt sich erahnen, daß neben der Aktivierung der entsprechenden Enzyme bzw. deren Gene die Verfügbarkeit von Substrat die regelnde Größe im Vick-Zimmermann-Weg zu sein scheint (WEILER, 1997), geht man denn von einer *de novo*-Synthese der Jasmonate aus. So zeigen Untersuchungen von LAUDERT et al. (2000) an transgenen *Nicotiana tabacum* und *Arabidopsis thaliana* Pflanzen, in denen eine komplette cDNA für das Enzym AOS aus *A. thaliana* überexprimiert wurde, eine Limitierung durch Substratverfügbarkeit im Normalzustand auf. Interessanterweise erreichen diese transgenen Pflanzen hohe Jasmonatkonzentrationen bei Verwundung wesentlich schneller als untransformierte Kontrollpflanzen.

Es ist auch möglich, mit verschiedenen Methoden den Vick-Zimmermann-Weg zu blockieren, um die Synthese von JA zu unterbinden. Bei der sogenannten *antisense*-Methode, einer sehr trickreichen genetische Vorgehensweise, wird gezielt mRNA aus einer Zelle eliminiert, so daß ein bestimmtes für die Biosynthese benötigtes Protein nicht mehr synthetisiert werden kann. Dies hat dann im Endeffekt zur Folge, daß der gesamte Weg zusammenbricht.

Auch wurden eine Reihe von verschiedenen Substanzen auf ihre hemmende Wirkung hin untersucht. PENA-CORTES et al. (1993) konnten zum Beispiel zeigen, daß ein bekanntes Schmerzmittel bzw. die eng verwandte Salicylsäure (SA), Struktur siehe Abbildung 2.15, die Akkumulation von endogener Jasmonsäure in verwundeten Tomatenblättern unterbindet. Auf den ersten Blick scheint die Beobachtung von LAUDERT und WEILER (1998), daß genau diese Substanz in *Arabidopsis thaliana* AOS-Enzymaktivität induzieren kann, dazu in Konflikt zu stehen. Dieser scheinbare Widerspruch ließe sich damit klären, daß SA an einer Stelle innerhalb der Biosynthese angreift, die unterhalb der AOS lokalisiert ist.

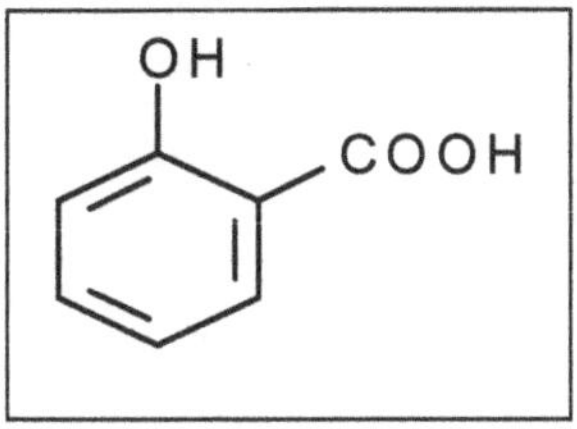

Abb. 2.15 Strukturformel von Salicylsäure

Doch hier herrscht noch großer Klärungsbedarf, zumal SA im Zusammenhang mit octadecanoiden Signalstoffen eine weitaus größere Bedeutung zu haben scheint, als für lange Zeit angenommen (vgl. Abschnitte 3.3 und 3.4).

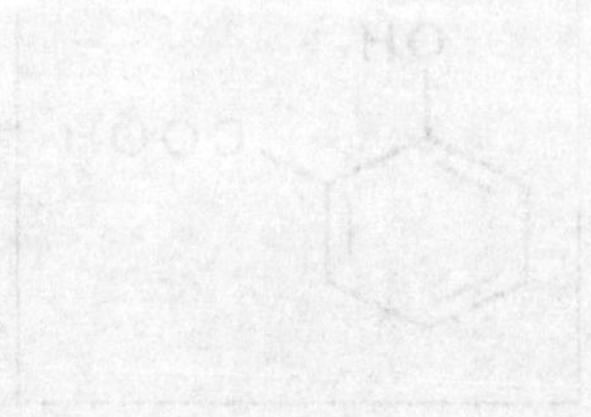

3. Biologie der octadecanoiden Signalstoffe

3.1 Kurzer Überblick über die Signaltransduktion in Pflanzen

Im ersten Teil dieses Buches ist bereits aufgezeigt worden, daß Höhere Pflanzen einer Vielzahl biotischer und abiotischer Einflüsse ausgesetzt sind, wobei einige Quellen von Streßsituationen sprechen. Ähnlich wie andere Lebewesen sind Pflanzen nun in der Lage, diese Reize aus ihrer Umwelt wahrzunehmen und mit angemessenen biochemischen Prozessen darauf zu reagieren.

Auf welche Art und Weise es zur Weitergabe eines Signals kommen kann, das durch einen schädigenden Einfluß von außen ausgelöst wurde, ist noch relativ unklar, häufig werden Analogien zu tierischen Systemen abgeleitet. Der Weg über Proteinkinasen, die durch Phosphorylierung andere Enzyme aktivieren, ist denkbar, und so haben z.B. SEO et al. (1995) eine Proteinkinase (MAP Kinase) in der Tabakpflanze *Nicotiana tabacum* gefunden, die durch Verwundung induziert wird.

Aber auch Calcium, das durch verschiedene Stimuli wie z.B. Wind aus diversen Speicherorten freigesetzt werden kann (KNIGHT et al., 1992), wird allgemein als ein multifunktionaler Signalbotenstoff in Höheren Pflanzen angesehen (BUSH, 1993). Neuere Ergebnisse aus der Untersuchung der Mechanotransduktion bei *Bryonia dioica* (siehe Abschnitt 3.5) scheinen dies zu bestätigen.

Seit einiger Zeit weiß man nun auch um die Partizipation der octadecanoiden Signalstoffe, besonders der Jasmonsäure, die durch das Phloem von Pflanzen transportiert werden kann (ANDERSON, 1985), und der 12-oxo-Phytodiensäure, an Prozessen der Signalweiterleitung.

So formulierten BLECHERT et al. (1995) für bestimmte Prozesse die These, daß die Reizweiterleitung von der Wahrnehmung der Aggression über die Aktivierung der entsprechenden Gene bis zur Synthese von sekundären Pflanzeninhaltsstoffen durch pentacyclische Fettsäurenderivate wahrgenommen wird.

Nimmt man die Expression bestimmter Gene im künstlich erzeugten Streßzustand als Anhaltspunkt, so konnten bei Untersuchungen von KRAMELL et al. (2000) an Weizen (*Hordeum vulgare*) signifikante Unterschiede zwischen der Wirkung endogen auftretender und exogen applizierter Octadecanoide festgestellt werden. Möglicherweise ist dies ein Indiz für unterschiedliche Signalwege, wobei zu sagen ist, daß vieles auf dem Gebiet der Signalweiterleitung durch Octadecanoide noch hypothetisch oder auch noch gar nicht bekannt ist; beispielsweise steckt die Untersuchung der Promotoren der entsprechenden Gene noch in den Anfängen (WEILER, 1997). Man weiß jedoch bereits, daß octadecanoide Signalstoffe bei *Arabidopsis thaliana* oder der Tomatenpflanze substantiell am Aufbau einer Abwehr gegen Fraßfeinde, d.h. Herbivore (von latein.: *herba* = Halm, Stengel und latein.: *vorare* = gierig fressen), beteiligt sind (HOWE et al., 1996), was im Abschnitt 3.2 näher erläutert werden soll. Abschnitt 3.3 geht dann darauf ein, daß Jasmonate in der Lage sind, die Produktion von Abwehrstoffen beim Befall durch Pathogene zu induzieren (GUNDLACH et al., 1992). Bei einigen Organen, wie etwa den Blattranken von *Bryonia dioica*, kann diese Stoffgruppe in der Mechanotransduktion (siehe 3.5) als Ersatz für einen stimulierenden Reiz fungieren (FALKENSTEIN et al., 1991). Auch die Förderung der Seneszenz, die in Abschnitt 3.6 vorgestellt wird, kann in diesem Zusammenhang angeführt werden.

3.2 Der Kontakt von Pflanzen mit Herbivoren

3.2.1 Allgemeine Einführung

Herbivore und Pathogene, in Abschnitt 1.1 wurden sie als biotische Einflüsse eingeführt, können für Pflanzen eine echte Bedrohung darstellen. So mag es nicht verwundern, daß sich im Laufe der Zeit verschiedenartige Abwehrmechanismen herausgebildet haben, um diese Schädlinge abzuwehren.

Physikalische Schutzstrukturen wie etwa Dornen oder Stacheln seien da nur kurz am Rande erwähnt, denn an dieser Stelle sollen vielmehr biochemische Substanzen interessieren, die wie etwa das Nikotin der Tabakpflanze als Nerventoxin gegen Vertebraten und Insekten wirksam sind. Bei diesem Beispiel handelt es sich um eine Verbindung, die kontinuierlich gebildet wird. Nachteilig dabei ist, daß ein Organismus diesen Abwehrmechanismus leicht überwinden kann, indem er sich langsam aber sicher eine Resistenz gegenüber diesen toxischen Stoffen aufbaut. Auch ist leicht zu ersehen, daß eine stetige Neubildung mit einem nicht unerheblichen Energieaufwand verbunden ist.

Wesentlich eleganter erscheint da eine induzierte Synthese, die nur dann erfolgt, wenn die Pflanze bereits angegriffen worden ist. Dieser Mechanismus bedarf eines sensorischen Systems, das die Aggression, also etwa den Pilz oder die Verwundung, wahrnimmt und durch eine Signalweiterleitung die Biosynthese der entsprechenden Stoffe aktiviert.

3.2.2 Proteinaseinhibitoren als ein Abwehrsystem in Pflanzen

Bereits 1972 wurden Proteinaseinhibitoren in Blättern von Tomaten- und Kartoffelpflanzen, die durch eine besondere Käferart geschädigt wurden, als ein Beispiel für eine induzierte Synthese nachgewiesen (GREEN und RYAN, 1972).

Der Begriff Proteinase bezeichnet eine Untergruppe der Peptidhydrolasen bzw. Proteasen, die eine hydrolytische Spaltung der Peptidbindung in Proteinen und Peptiden katalysieren. Nach den im aktiven Zentrum katalytisch wirkenden Gruppen, auf die man mit spezifischen Hemmstoffen schließen kann, unterscheidet man Serin-, Cystein-, Aspartat-

und Metallproteasen (RÖMPP, 1997). Als eine wichtige physiologische Funktion läßt sich ihr Auftreten in Magen, Darm und Pankreas als Verdauungsenzyme nennen, die Nahrungsproteine in immer kleinere Bruchstücke zerlegen und so schließlich zu Aminosäuren abbauen.

Proteinaseinhibitoren hemmen nun die Aktivität dieser verdauenden Proteinasen im Darm von Insekten, was nach RYAN (1990) zu einer Proteinunterernährung mit Mangelerscheinungen, die von reduziertem Wachstum bis hin zum Tode reichen, führen kann. Inzwischen wurden als Inhibitoren von Serinproteasen der sogenannte Inhibitor I (RYAN und BALLS, 1962) und Inhibitor II (BRYANT et al., 1976) identifiziert.

Der interessante Aspekt dieses Abwehrsystems in Tomatenpflanzen ist, daß die Inhibitoren nach GREEN und RYAN (1972) in unverletzten Pflanzen kaum nachzuweisen sind, sie aber bereits nach geringen mechanischen Verletzungen gebildet werden.

3.2.3 Systemin ist Bestandteil der pflanzlichen Reizweiterleitung

Auf der Suche nach den Faktoren, die Proteinaseinhibitoren bei Bedarf induzieren können, identifizierte man Bruchstücke der pflanzlichen Zellwand, sogenannte Oligogalacturonide, die bei einer Verwundung der Pflanze als Folge des Zusammenbruchs der zellulären Architektur entstehen (BISHOP et al., 1984); man spricht von den sogenannten PIIFs (*proteinase inhibitor inducing factors*). Dieser Begriff stammt ursprünglich von GREEN und RYAN (1972). Zu dieser Zeit konnte man das Vorhandensein eines chemischen Signals, das die Akkumulation von Proteinaseinhibitoren bewirkt, nur vermuten.

Die Aktivierung jener pflanzlichen Abwehrgene findet nicht nur innerhalb von wenigen Minuten in Zellen, die in der Nähe der Verwundungsstelle liegen, statt, sondern sie ist nach Stunden auch in weiter entfernten, d.h. distalen Blättern zu beobachten. Die Wirkung von PIIFs, also die Neusynthese von Proteinaseinhibitoren, ist folglich nicht lokal begrenzt, sondern erstreckt sich über größere Teile der Pflanze; dies bezeichnet man als systemische Induktion.

Jetzt mußten BAYDOUN und FRY (1985) jedoch feststellen, daß die als

PIIF identifizierten Oligogalacturonide innerhalb der Pflanze völlig intransportabel sind, so daß die Frage der Signalübertragung wieder völlig offen war. PEARCE et al. (1991) konnten schließlich ein 18 Aminosäuren großes Polypeptid mit dem Namen Systemin beschreiben, das sowohl an der lokalen als auch an der distalen Signaltransduktion beteiligt ist und dabei Abwehrgene in den Blättern der Tomatenpflanze zu aktivieren vermag. Die Isolierung dieses Stoffes, dessen Aminosäurensequenz in Abbildung 3.1 gezeigt ist, gelang mit Hilfe der sogenannten Hochleistungs-Flüssigkeitschromatographie.

Abb. 3.1 Aminosäurensequenz von Systemin
[A: Alanin; C: Cystein; D: Aspartat; K: Lysin; M: Methionin; P: Prolin; Q: Glutamin; R: Arginin; S: Serin; T: Threonin; V: Valin]
(nach PEARCE et al., 1991)

In Analogie zu tierischen Polypeptiden wird Systemin aus der 200 Aminosäuren umfassenden Vorstufe Prosystemin durch Proteolyse abgespalten (McGURL et al., 1992).

Wie erfolgt nun die Aktivierung der verschiedenen Abwehrgene? Ein Protein, das Systemin zu binden vermag, konnte in der Plasmamembran von Blattzellen (MEINDL et al., 1998) sowie in einer Zellsuspension aus *Lycopersicon peruvianum* (SCHEER und RYAN, 1999) gefunden werden. Nach RYAN (2000) mehren sich die Hinweise, daß durch eine festgelegte Abfolge von Ereignissen eine Lipase an dieser Membran aktiviert wird. So wird die Freisetzung von α-Linolensäure bewirkt, die dann wie bereits geschildert der Octadecanoidbiosynthese zur Verfügung steht.

Im Gegensatz zu den oben angeführten Oligogalacturoniden ist Systemin in der Pflanze durchaus mobil und kann über das Phloem in distale Blätter transportiert werden (NARVÁEZ-VÁSQUEZ et al., 1995).

Ob nun *in vivo* tatsächlich ein Transport stattfindet und in welcher Form

Systemin Bestandteil einer Signalkaskade ist, die über eine längere Distanz wirksam ist, ist noch nicht geklärt.

3.2.4 Octadecanoide Signalstoffe und der Schutz vor Herbivoren

Im Folgenden sollen zunächst einige experimentelle Befunde mit grundlegender Bedeutung geschildert werden.

FARMER und RYAN (1990) beobachteten an den Blättern der Tomatenpflanze, daß von außen applizierter JA-Me schon in sehr geringen Konzentrationen die gleiche Wirkung hat wie die Verwundung bzw. der Befall durch einen Fraßfeind: nämlich die Akkumulation von bereits bekannten Proteinaseinhibitor-Proteinen. Gelelektrophoretische Untersuchungen der gleichen Autoren konnten zweifelsfrei zeigen, daß es sich dabei um die bekannten Inhibitoren I und II handelt, und daß die Regulation der zugehörigen mRNAs identisch zu sein scheint.

Ebenso aufschlußreich sind die Befunde, daß bei Verwundung in Blättern der Tomatenpflanze (PENA-CORTES et al., 1995) oder auch von anderen Arten (ALBRECHT et al., 1993) die Konzentration an endogener Jasmonsäure merklich ansteigt.

Eine spezielle genetische Mutante von *Arabidopsis thaliana*, deren Jasmonatbiosynthese inhibiert ist, zeigt eine hohe durch eine Diptere hervorgerufene Sterblichkeit, die dann in erheblichem Maße abnimmt, wenn man der Pflanze von außen JA-Me zuführt (McCONN et al., 1997).

FARMER et al. (1992) haben bewiesen, daß Methyljasmonat als systemisches Signal wirken bzw. dieses auslösen kann. Dazu wählten sie den in Abbildung 3.2 dargestellten Versuchsaufbau, bei dem sie einige Blätter einer Pflanze in Glasgefäßen isolierten („J1"), um sie so exklusiv dem Jasmonat aussetzen zu können. Die Inhibitorgene bildeten sich sowohl in diesen isolierten Blättern als auch in allen anderen, den sogenannten distalen Blättern („J2"). Natürlich wurden im Experiment auch "Monitor"-Pflanzen („M") eingesetzt, um auszuschließen, daß diese Effekte durch bloße Diffusion ausgelöst werden.

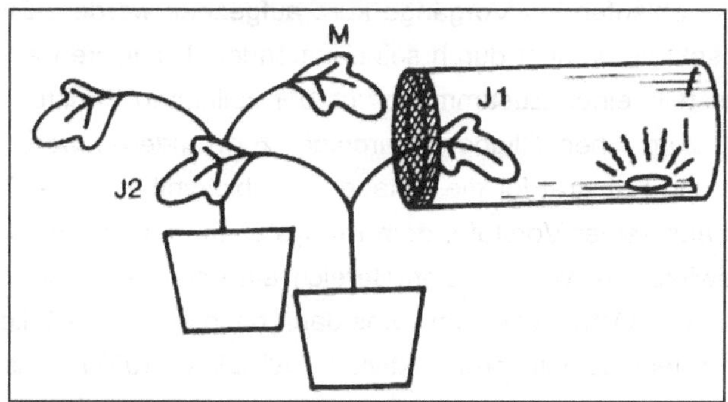

Abb. 3.2 Versuchsanordnung
(aus: FARMER et al., 1992)

FARMER und RYAN (1990) konnten in einem anderen Experiment zeigen, daß JA-Me, der von der Blattoberfläche einer *Artemisia*-Art stammt, in Blättern einer Tomatenpflanze, die sich damit im gleichen luftdicht verschlossenen Gefäß befindet, ebenfalls die Synthese von Proteinaseinhibitoren induziert. Vielleicht handelt es sich hierbei um eine Art zwischenpflanzlicher Kommunikation, wobei es bedingt durch den relativ hohen Dampfdruck von Methyljasmonat und der damit verbundenen hohen Flüchtigkeit zu einer Beeinflussung anderer Pflanzen in der näheren Umgebung kommt.

Die Auswahl dieser experimentellen Befunde läßt vermuten, daß die octadecanoiden Signalstoffe, besonders JA und JA-Me, an der Signaltransduktion im Falle einer Verwundung, die schließlich in der Synthese von Proteinaseinhibitoren endet, involviert sein müssen.

Die Art und Weise, in der Systemin mit dem octadecanoiden Signalweg interagiert, ist noch nicht ganz verstanden, es liegt auch noch kein entsprechender Rezeptor in klonierter Form vor. Es bleibt aber festzuhalten, daß eben jenes Polypeptid, das ja lokal und aufgrund seiner Transportfähigkeit durch das Phloem auch systemisch wirkt, die Jasmonatbiosynthese induzieren kann (DOARES et al., 1995).

An dieser Stelle sollen nun zusammenfassend die bei Verwundung möglicherweise ablaufenden Vorgänge kurz aufgezeigt werden. Ein angreifendes Insekt verursacht durch seine kauenden Tätigkeiten an der Verwundungsstelle einen Zusammenbruch der zellulären Struktur. So sammeln sich zum einen Oligogalakturonide, zum anderen werden neben Enzymen und Substrat für die Octadecanoidbiosynthese das Polypeptid Systemin aus seiner Vorstufe, dem Prosystemin, freigesetzt. Diese Vorgänge bewirken im verwundeten Bereich eine starke und schnelle Akkumulation von Octadecanoiden, was dann nach einiger Zeit die Synthese von Proteinaseinhibitoren aktiviert (WEILER, 1997). Aus diesem Grund spricht RYAN (2000) im Zusammenhang mit diesen Inhibitoren von sogenannten "späten" Genen, während z.B. bei der zur Jasmonatsynthese gehörenden AOS ein "frühes" Gen vorliegt.

Um nun eine systemische Abwehrreaktion zu erzeugen, muß eine Signalweiterleitung in unverwundetes Gewebe erfolgen. Hier wird, wie oben bereits dargelegt, der Einfluß von Jasmonsäure bzw. einem Derivat diskutiert. Darüber hinaus geht man von der Wirkung weiterer Faktoren, besonders von den Pflanzenhormonen Abscisinsäure (PENA-CORTES et al., 1989) und Ethylen (O´DONNELL et al., 1998) sowie von elektrischen (WILDON et al., 1992) bzw. hydraulischen (MALONE et al., 1994) Impulsen, aus. Nach einer Einschätzung von RYAN (2000) spielen die beiden zuletzt genannten Signale jedoch eine eher untergeordnete Rolle. Abschließend sollte kurz erwähnt werden, daß wahrscheinlich auch reaktive Sauerstoffverbindungen an Prozessen der Signalweiterleitung beteiligt sind. So ist nach neueren Erkenntnissen als einer der ersten Vorgänge nach Verwundung von pflanzlichem Gewebe die Synthese von Wasserstoffperoxid (H_2O_2) zu beobachten (OROZCO-CARDENAS und RYAN, 1999). Es handelt sich hierbei um eine Sauerstoffverbindung, der wohl eine wichtige Rolle in der zellulären Signalweitergabe zukommt (KHAN und WILSON, 1995). Fragmente, die durch den Abbau von Zellwänden durch Polygalacturonasen entstanden sind, können die Freisetzung derartiger reaktiver Sauerstoffverbindungen wie H_2O_2 induzieren (LAMB und DIXON, 1997).

3.2.5 Eine besondere Abwehrstrategie

Es ist seit längerer Zeit bekannt, daß Pflanzen flüchtige Substanzen produzieren, um mit anderen Lebewesen Kontakt aufzunehmen. Als Beispiel kann das Anwerben von Bestäubern (LANGENHEIM, 1994) genannt werden.

Im Zusammenhang mit dem Befall durch Herbivore ist ein ähnlicher, sehr trickreicher Abwehrmechanismus zu nennen. Gemeint ist die Synthese von Substanzen, die natürliche Feinde der Insekten, die der Pflanze Schaden zufügen, anlocken und so für eine natürliche Regulierung des Problems sorgen (TAKABAYASHI und DICKE, 1996).

Dabei werden auch benachbarte Pflanzen, die keine direkte Schädigung erlitten haben, beeinflußt, wie Untersuchungen von ARIMURA et al. (2000) an von Spinmilben (*Tetranychus urticae*) angegriffenen Blättern von *Phaseolus lunatus* zeigen. In den vom Fraß verschonten Blättern werden durch die emittierten Terpenoide bis zu fünf Abwehrgene aktiviert. Die als Signalstoffe fungierenden flüchtigen Stoffe werden durch Herbivorie, nicht aber durch Verwundung freigesetzt. Dieser auffällige Tatbestand ist auch bei einer speziellen Mutante von *Arabidopsis* zu beobachten: Im Falle einer mechanischen Verwundung tritt im Vergleich zum Fraß durch den kleinen Kohlweißling (*Pieris rapae*) ein unterschiedliches Transkriptprofil auf. So wird beispielsweise ein bestimmtes Gen nur durch Insektenfraß und nicht durch Verwundung aktiviert (REYMOND et al., 2000). Diese Befunde müssen noch durch ein plausibles Modell der Signalweiterleitung gedeutet werden.

Es scheint jedoch unbestritten, daß die Produkte der Jasmonatbiosynthese eine wichtige Rolle spielen. So haben KOCH et al. (1999) herausgefunden, daß an der Biosynthese von Terpenoiden bei *Phaseolus lunatus* frühe (OPDA) und späte (Jasmonsäure) Intermediate eine unterschiedliche Bedeutung haben. ARIMURA et al. (2000) vermuten bei dieser gleichen Pflanze, daß durch den Befall mit Spinmilben sowohl die Expression von Abwehrgenen als auch die Emission von flüchtigen Substanzen induziert wird. Setzt man nun andere Pflanzen diesen Substanzen aus, so werden darin Jasmonate synthetisiert. Dies hat zur Folge, daß bei jener Nachbarpflanze ebenfalls Abwehrgene eingeschaltet werden.

Es ist anzunehmen, daß auch die Salicylsäure als Botenstoff eine tragende Rolle spielt. So zeigen die Ergebnisse von OZAWA et al. (2000), daß an der Produktion von bestimmten durch Herbivorie induzierten flüchtigen Substanzen je nach Umstand jasmonat- oder salicylatabhängige Signalwege beteiligt sind.

3.3 Der Kontakt von Pflanzen mit Pathogenen

3.3.1 Allgemeine Einführung

Unter dem Begriff "pathogen" (von griech.: *pathos* = Krankheit und griech.: ...*genes* = verursachend, verursacht) versteht man die Eigenschaft von Pilzen, Bakterien o.ä., Krankheiten in anderen Organismen zu verursachen. Auch Pflanzen werden von diesem "Übel der Natur" nicht verschont.

Schon vor etwa 90 Jahren registrierten Naturwissenschaftler, daß pathogene Pilze in einem pflanzlichen Gewebe oft deshalb ein langsameres Wachstum zeigen, weil der pflanzliche Organismus auf diese äußere Störung abwehrend reagiert (SCHILDKNECHT, 1981). In den vierziger Jahren formulierten MÜLLER und BÖRGER (1940) ihre Theorie zur Krankheitsresistenz von Pflanzen, die der Stoffklasse der Phytoalexine (siehe Kapitel 3.3.2) zuzuschreiben sei. Heute spricht man von einer systemisch erworbenen Resistenz (im engl.: *systemic acquired resistance*, abgekürzt: SAR), die sich in Pflanzen nach einer pathogenen Infektion aufbaut (RYALS et al., 1994). Die Bedeutung dieses Begriffes soll in Kapitel 3.3.6 näher erläutert werden.

Eine der ersten eindrucksvollen Untersuchungen im Zusammenhang mit Pathogenen bei Pflanzen war das Experiment von SCHUMACHER et al. (1987), bei dem die Infektion eines farblosen Kallus des Kalifornischen Mohns *Eschscholzia californica* mit dem Pilz *Penicillium* die Synthese eines hellroten Alkaloids (vgl. Kapitel 3.3.3) bewirkt. Hierbei handelt es sich, soviel sei jetzt bereits erwähnt, um eine Stoffgruppe, die zu den sekundären Pflanzeninhaltsstoffen gezählt wird. Diese organischen Substanzen werden von Pflanzen in normalen Lebenssituationen nicht benötigt (HARBORNE, 1988), spielen jedoch u.a. bei der Abwehr von Pathogenen oder Herbivoren eine große Rolle (WILLIAMS et al., 1989).

Um die Vorgänge, die bei einer derartigen Abwehrreaktion ablaufen, auf biochemischer Ebene besser zu verstehen, reduziert man im Experiment die durchaus hohe Komplexität der Pflanzen-Pathogen-Interaktion durch das Verwenden von Zellsuspensionskulturen anstelle einer gesamten Pflanze und durch den Austausch von lebenden Pathogenen mit Fragmenten ihrer Zellwände, den sogenannten Elizitoren (von latein.: *elicere* = hervorlocken), die als die Auslöser der pflanzlichen Abwehrreaktionen gelten (KOMBRICK und Hahlbrock, 1986).

Ursprünglich ist mit dem Begriff "Elizitor" eine Substanz gemeint, die in Pflanzen in Abwesenheit von lebenden Organismen die Produktion von Phytoalexinen auslösen kann (KEEN et al., 1972). Heute faßt man den Begriff etwas weiter und unterscheidet zwischen biotischen Elizitoren wie etwa komplexen Kohlenhydraten aus Zellwänden von Pilzen, Pflanzen oder auch mikrobiellen Enzymen und abiotischen Elizitoren, zu denen beispielsweise Schwermetalle oder ultraviolettes Licht gezählt werden (DARVILL und ALBERSHEIM, 1984).

Im Folgenden soll nun zunächst ein Überblick über die ausgewählten Stoffgruppen Phytoalexine (Kapitel 3.3.2), Alkaloide (Kapitel 3.3.3) und Defensine (3.3.4) gegeben werden, die alle bei diesen Reaktionen eine wichtige Rolle spielen. Es sei nur darauf hingewiesen, daß bei einem Schädlingsbefall natürlich noch andere Prozesse wie etwa die Produktion von Zellwandpolymeren, das Lignin sei hier besonders erwähnt, involviert sind (DIXON und HARRISON, 1992); diese werden aber nicht näher behandelt. Im Anschluß soll dann im Kapitel 3.3.5 versucht werden, nach heutigem Stand des Wissens den Zusammenhang mit octadecanoiden Signalstoffen aufzuzeigen, wobei im Abschnitt 3.4 ein Vergleich mit der Situation beim Kontakt von Pflanzen mit Herbivoren nicht fehlen soll.

3.3.2 Phytoalexine

Bei den Phytoalexinen (von griech.: *phyton* = Pflanze und griech.: *alexein* = abwehren) handelt es sich nach MÜLLER und BÖRGER (1940) um niedermolekulare Stoffe, die von Pflanzen im Falle einer Infektion zur Abwehr des Schadorganismus, meist handelt es sich um Pilze, gebildet werden. Den Phytoalexinen gehören nach RÖMPP (1997) Vertreter von sehr unterschiedlichen Stoffgruppen an. Zu den Terpenoiden bzw. Sesquiterpenoiden rechnet man zum Beispiel das Octahydronaphthalin-Derivat Rishitin (Struktur: siehe Abbildung 3.3), das von Weißen Kartoffeln (*Solanum tuberosum*) als Reaktion auf die Infektion mit dem Pilz *Phytophthora infestans* gebildet wird. Das Phytoalexin Pisatin (Abbildung 3.3) läßt sich zu den Isoflavonoiden zählen. Es kann aus mit *Sclerotinia*-Sporen infizierten Erbsen (*Pisum sativum*) isoliert werden und wirkt antimykotisch (von griech.: *mýkes* = Pilz).

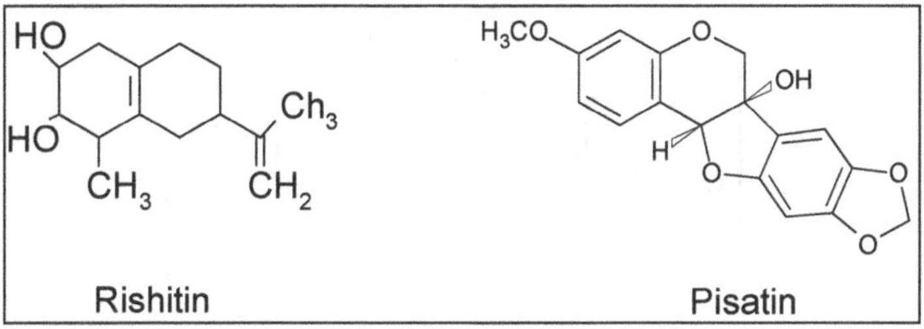

Rishitin Pisatin

Abb. 3.3 Strukturformeln von Rishitin und Pisatin

Es ist nachgewiesen, daß Phytoalexine in Pflanzen generell das Wachstum von Pilzen (BAILEY, 1974; ROSSALL et al., 1980) und Bakterien (LYON und WOOD, 1975) inhibieren können, ihre Wirkung ist also antimikrobiell.

Diese Stoffklasse ist in gesunden pflanzlichen Systemen nicht zu finden (DARVILL und ALBERSHEIM, 1984). Es wird vermutet, daß Elizitoren die Akkumulation von Phytoalexinen durch Aktivierung der Expression derjenigen Gene stimulieren, die für die Enzyme der entsprechenden Biosynthese verantwortlich sind (RAGG et al., 1981).

3.3.3 Alkaloide

Alkaloide sind überwiegend in Pflanzen vorkommende basische Naturstoffe mit einem oder mehreren meist heterocyclisch eingebauten Stickstoffatomen im Molekül, die häufig eine ausgeprägte pharmakologische Wirkung haben. Der Name erklärt sich daher, daß man sie als „alkaliähnlich" einstufte (RÖMPP, 1997).

Wichtige Vertreter der Alkaloide sind die Benzophenantridine; als Beispiel sei das Sanguinarin angeführt (Struktur: siehe Abbildung 3.4), das antimikrobielle und entzündungshemmende Eigenschaften besitzt und sogar die Bildung von Zahnbelag hemmt, so daß es aus diesem Grund ein Bestandteil von vielen Zahncremes und Mundwässern ist (RÖMPP, 1997).

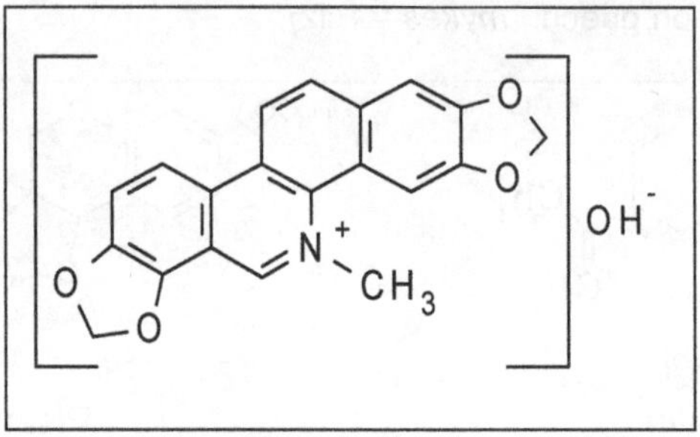

Abb. 3.4 Das Kation von Sanguinarin kommt meist als Hydroxid vor.

Die Biosynthese der Benzophenantridine, die an dieser Stelle nicht explizit aufgezeigt werden soll, startet mit der Aminosäure Tyrosin (ZENK, 1995). Das sogenannte Berberin-Brücken-Enzym (BBE), das dabei eine stereospezifische Transformation katalysiert, ist wohl als eine regulatorische Größe anzusehen (STEFFENS et al., 1985). SCHUMACHER et al. (1987) konnten zeigen, daß Elizitoren bzw. die Infektion durch einen Pilz in einer Zellsuspension von *Eschscholtzia californica* die Synthese von Benzophenantridinen hervorrufen. In dieser Situation erfolgt *de novo* eine Transkription des BBE (KUTCHAN, 1993).

3.3.4 Defensine

Defensine sind nach RÖMPP (1997) eine Gruppe weit verbreiteter antimikrobieller, in höheren Konzentrationen cytotoxischer Peptide mit der Funktion der Abwehr von Bakterien, Hefen und Viren. Bekannt ist ihr Vorkommen in Insekten (HOFFMANN und HÉTRU, 1992) und Säugetieren (LEHRER et al., 1993), auch scheinen sie bei manchen menschlichen Krankheiten eine Rolle zu spielen (GANZ et al., 1988). Vor einigen Jahren wurde eine neue Klasse aus Pflanzen isolierter Peptide be-

schrieben, die in Struktur und Funktion den Defensinen der Insekten und Säuger ähnlich ist; man bezeichnete sie als Klasse der pflanzlichen Defensine (TERRAS et al., 1995).
Die ersten Vertreter wurden aus Weizen isoliert (COLILLA et al., 1990) und zunächst als γ-Thionine bezeichnet, da sie als ca. 5 kDa große cysteinreiche Peptide der Stoffklasse der Thionine ähnlich zu sein schienen. Thionine sind nach BOHLMANN und APEL (1991) niedermolekulare, stark basische pflanzliche Polypeptide, die sich durch einen besonders hohen Cysteingehalt auszeichnen. Sie weisen zahlreiche identische Aminosäure-Sequenzen auf und wirken toxisch gegen Pilz- und Bakterienzellen, was auf eine Beteiligung an pflanzlichen Abwehrprozessen schließen läßt. Jedoch wurde dann aufgrund von näheren Untersuchungen die Verwandtschaftsbeziehung der Defensine zu den Thioninen ausgeschlossen (BRUIX et al., 1993).
BROEKAERT et al. (1995) konnten zeigen, daß Vertreter der pflanzlichen Defensine das Wachstum vieler Pilze bereits in mikromolarer Konzentration inhibieren können, so daß sie sicherlich an der Abwehr von mikrobiellen Phytopathogenen beteiligt sind. Sieht man von einigen Ausnahmen ab, so sind Bakterien von dieser Wirkung im allgemeinen nicht betroffen.
Für lange Zeit hat man Defensine nur in Samen von Pflanzen vermutet, doch dann konnten TERRAS et al. (1995) diese Substanzen auch in vegetativen Geweben, namentlich in Blättern von *Raphanus sativus* L. nachweisen.
Das erste pflanzliche Defensin aus dem Samen von *Arabidopsis thaliana* wurde zunächst At-AFP1, später dann aber PDF1.1 genannt (TERRAS et al., 1993). Aus Blättern dieser Pflanze, die mit dem Pilz *Alternaria brassicicola* infiziert wurden, isolierte man später ein weiteres Defensin mit dem Namen PDF1.2 (PENNINCKX, 1996).
OH et al. (1999) konnten auch in der Pfefferpflanze (*Capsicum annuum*) während der Fruchtreifung Vertreter dieser Stoffklasse nachweisen: das Defensin jl-I sowie das Thionin ähnliche Gen PepThi.

3.3.5 Die Rolle der octadecanoiden Signalstoffe

Welche Bedeutung die octadecanoiden Signalstoffe nun genau beim Kontakt von Pflanzen mit Pathogen haben, ist zur Zeit noch relativ unklar (WEILER et al.; 1998), es gibt jedoch einige Befunde, die eine mögliche Richtung anzeigen.

GUNDLACH et al. (1992) haben pflanzliche Zellkulturen von *Rauvolfia canescens* und *Eschscholtzia californica* mit einem Hefe-Elizitor behandelt und dabei festgestellt, daß innerhalb von Minuten ein vorübergehender drastischer Anstieg des intrazellulären JA-Gehaltes zu beobachten ist; 36 verschiedene Pflanzenarten wurden mit dem gleichen Ergebnis getestet. Wird *Petroselinum crispum* (Petersilie) mit dem Pilz *Phytophtora megasperma* infiziert, so kann man in kürzester Zeit in der Nähe der Verwundungsstelle einen Wechsel in der Konzentration von zwei Fettsäuren feststellen: während die der Linolsäure ($C_{18}H_{32}O_2$) abnimmt, steigt die der Linolensäure ($C_{18}H_{30}O_2$) an. Dies läßt auf das Vorhandensein von bestimmten ω-3-Fettsäuren-Desaturasen schließen, schließlich findet man auch die entsprechende cDNA (KIRSCH et al., 1997). Die Linolensäure ist ja als Ausgangsverbindung der Jasmonatbiosynthese allgemein anerkannt; ein Zusammenhang zwischen dem Pilzbefall und einer möglichen Aktivierung dieser Hormonklasse wäre also nicht von der Hand zu weisen.

Die Zugabe von JA-Me oder 12-OPDA zu einigen pflanzlichen Zellkulturen initiiert *de novo* die Synthese von Enzymen, die an der Biosynthese von sekundären Pflanzeninhaltsstoffen beteiligt sind, wie beispielsweise der Phenylalaninammoniumlyase, die ja auf dem Weg zur Zimtsäure und deren Folgeprodukte (z.B. Cumarin) eine wichtige Rolle spielt (LOIS et al., 1989). In diesem Zusammenhang seien auch die Flavonoide erwähnt, die ja zu den Phenylpropanen gerechnet werden und aus denen z.B. Phytoalexine entstehen. Bei der Fichte untersuchten RICHARD et al. (2000) die Chalcon-Synthase (CHS), ein Schlüsselenzym innerhalb der Flavonoidsynthese, auf ihre Induzierbarkeit. Demnach ist die Akkumulation von CHS mRNA sowohl nach Verwundung als auch nach Applikation von Signalstoffen wie Jasmonsäure oder Methyljasmonat festzustellen.

Ähnliche Zusammenhänge lassen sich bei Zellkulturen der Tabakpflanze *Nicotiana tabacum* feststellen. Hier kann Methyljasmonat die Akkumulation eines Sesquiterpens, des Phytoalexins Capsidiol, induzieren, jedoch in weitaus schwächerem Maße, als es bei dem Pilzelizitor der Fall ist (MANDUJANO-CHAVEZ et al., 2000).

KUTCHAN (1993) stellte nun Untersuchungen bezüglich der Aktivierung des BBE bei der Alkaloidbiosynthese in einer Zellkultur des Kalifornischen Mohns durch einen Zellwandelizitor aus Hefe sowie durch die beiden Substanzen JA-Me und 12-OPDA an und fand dabei heraus, daß in allen drei Fällen die Kinetik der Transkriptakkumulation auf ähnliche Art und Weise verläuft. Diese Aussage läßt sich auf alle membranassoziierten Enzyme der Biosynthese von Sanguinarin, zu denen das BBE ja auch gehört, beziehen (BLECHERT et al., 1995).

Faßt man diese vielleicht schon langweilig erscheinenden Befunde zusammen, so läßt sich für die Stoffklassen der Phytoalexine und Alkaloide vermuten, daß die octadecanoiden Signalstoffe bei der Aktivierung der entsprechenden Gene eine gewisse Rolle spielen. Dieser Zusammenhang konnte für abiotische Elizitorprozesse wie Schwermetallionen oder Kälteschocks ausgeschlossen werden (BLECHERT et al., 1995).

Vielfältige Untersuchungsergebnisse veranlaßten PENNINCKX et al. (1996), die Hypothese aufzustellen, daß in *Arabidopsis thaliana* bei einer pathogenen Infektion zwei verschiedene Signalwege aktiviert werden. Während der eine die Synthese von SA einschließt, ist der andere, der dann auch die Expression des Gens für das Defensin PDF1.2 induziert, völlig SA-unabhängig und benötigt möglicherweise JA.

Gestützt wird die Vermutung über einen SA-unabhängigen Signalweg durch den Befund, daß Jasmonate Genpromotoren für bestimmte Defensine induzieren, SA bei dieser Testung jedoch keinerlei Effekt zeigt (MANNERS et al., 1998). Auch bei der Pfefferpflanze gibt es hinsichtlich der Expression derartiger Abwehrgene Hinweise auf das Vorliegen zweier verschiedener Signalwege (OH et al., 1999).

Jasmonsäure und einige ihrer Derivate scheinen also eine wichtige Rolle in der intrazellulären Signalkette zu spielen, die bei einem mikrobiellen Befall mit der Interaktion des Elizitormoleküls mit der pflanzlichen Zelloberfläche beginnt und in der Akkumulation von Abwehrstoffen endet.

3.3.6 Das Phänomen der induzierten Resistenz

Zu Beginn wurde bereits der Begriff der SAR kurz eingeführt. Er beschreibt das Phänomen, daß in Pflanzen nach einem pathogenen Befall Proteine synthetisiert werden, die in ihrer Gesamtheit eine Resistenz gegen Krankheitserreger bewirken (RYALS et al., 1994).

Eine phänotypisch gleiche Form der Resistenz wird durch nichtpathogene *Pseudomonas*-Bakterien ausgelöst, man spricht von der sogenannten induzierten systemischen Resistenz (ISR) (VAN LOON et al., 1998).

An der Ausbildung der SAR ist Salicylsäure beteiligt (GAFFNEY et al., 1993), wobei noch nicht eindeutig geklärt ist, ob sie als Signalstoff innerhalb der Pflanze transportiert wird, oder ob sie nur lokal wirken kann, denn schließlich zeigt diese Substanz, die in Abbildung 2.15 aufgezeichnet ist, selbst schon antimikrobielle Eigenschaften (RÜFFER et al., 1995). Die Funktion der ISR ist hingegen völlig unabhängig von Salicylsäure; dafür werden Jasmonsäure und Ethylen benötigt (PIETERSE et al., 1996).

Man kann also festhalten, daß beide induzierten Resistenzen auf unterschiedliche Signalkaskaden zurückgreifen.

Vor dem theoretischen Hintergrund, daß bei den Substanzen Jasmonsäure, Salicylsäure und Ethylen durchaus eine gegenseitige negative Beeinflussung vorliegen kann (vgl. Kapitel 2.3.9 und 3.7.3), stellten VAN WEES et al. (2000) entsprechende Untersuchungen bei *Arabidopsis thaliana* an. Die Ergebnisse zeigen klar, daß eine antagonistische Wirkung nicht festzustellen ist. Vielmehr bewirkt die gleichzeitige Aktivierung von SAR und ISR einen gesteigerten Schutz gegen Pathogene.

3.4 Der Befall durch Pathogene und Herbivore - Ein Vergleich

Lokale Abwehrreaktionen beim Befall einer Pflanze durch Pathogene oder Herbivore involvieren octadecanoide Signalstoffe. Deren Freisetzung kann durch verschiedene Faktoren ausgelöst werden. Im Falle einer Herbivorie scheint schwerpunktmäßig das Polypeptid Systemin beteiligt zu sein, bei Krankheitserregern geht man von den sogenannten Elizitoren aus.

Nun werden aber auch bestimmte Substanzen synthetisiert und innerhalb der Pflanze transportiert, um in gesunden Geweben eine systemische Abwehrreaktion zu erzeugen. Findet der Befall durch einen Fraßfeind statt, so werden mehrere mögliche Kandidaten diskutiert. Bei einer pathogenen Bedrohung vermutet man zwei verschiedene Signalwege, wobei der eine SA als Botenstoff einschließt, während bei dem anderen jene Substanz völlig ausgeschlossen wird.

Es ist abschließend festzustellen, daß die octadecanoiden Signalstoffe innerhalb des Signalsystems, das bei Abwehrreaktionen gegen Fraßfeinde und Krankheitserreger benötigt wird, von großer Bedeutung sind. Welche Rolle die aufgeführten Stoffe nun in diesem Zusammenhang im gesamten hormonalen Netzwerk einer Pflanze spielen, muß noch im Detail geklärt werden.

3.5. Mechanotransduktion

3.5.1 Allgemeines

Es klang schon mehrfach an, daß Pflanzen in der Lage sind, auf bestimmte Reize ihrer Umwelt aktiv zu reagieren. So können sie auch mechanische Reize wahrnehmen und durch nastische Bewegungen bestimmter Organe darauf antworten; allgemein bekannte Beispiele sind etwa die Venusfliegenfalle oder die Mimosen. Diese Mechanosensorik ist von essentieller Bedeutung, denn ohne sie wäre es der Pflanze nicht möglich, sich am jeweiligen Standort angemessen zu behaupten.

Zur Gruppe derartiger Organe lassen sich auch die Komplexranken der Zaunrübe (*Bryonia dioica* Jacq.) aus der Familie der Kürbisgewächse (*Cucurbitaceae*) zählen, die sich nach TROLL (1939) aus einem Blattorgan und einem axillaren Seitensproß, der als Rankenstütze fungiert, zusammensetzen. *Bryonia* ist eine "kontaktfreudige" Kletterpflanze, deren mechanosensorischen Komplexranken darauf spezialisiert sind, feste Objekte wie zum Beispiel Stengel anderer Pflanzen zu lokalisieren und sich durch Krümmung um sie zu winden, um so dem ganzen System Halt zu verschaffen.

3.5.2 Der Krümmungsvorgang

Der Krümmungsvorgang untergliedert sich in die folgenden Phasen: Während ihres Streckungswachstums führen die zu diesem Zeitpunkt noch geraden Ranken auf der Suche nach möglichem Halt rotierende Bewegungen aus, dieser Prozeß wird nach BÜNNING (1959) als "Cirumnutation" bezeichnet. Erfolgt dann eine mechanische Reizung, die an sogenannten Fühltüpfeln, das sind Ausstülpungen der Plasmamembran von Epidermiszellen in die äußere Zellwand, wahrgenommen wird (JAFFE und GALSTON, 1968), so setzt eine Krümmung der Rankenspitze zur Ventralseite hin ein. Der Prozeß läuft innerhalb von Minuten relativ schnell ab, ist reversibel und wird "contact coiling" genannt. KLÜSENER et al. (1995) haben den ersten pflanzlichen Ionenkanal BCC1 aus mechanosensitiven Ranken von *Bryonia dioica* identifiziert und gezeigt, daß es sich dabei um einen calciumselektiven Kanal handelt, der Calci-

um aus dem endoplasmatischen Reticulum ins Cytoplasma freisetzt. Die Bedeutung dieser Substanz für Prozesse der Signalweiterleitung klang bereits in Abschnitt 3.1 an.
Bei einer Dauerreizung setzt sich in der Phase des "free coiling", die fünf bis zehn Stunden dauern kann, die Spiralisierung dann irreversibel fort (BÜNNING, 1959). Im letzten Schritt werden in bestimmten Zellschichten sekundäre Pflanzenstoffe eingelagert, um eine Stabilität des Rankengewebes und somit die Erhaltung der Spiralstruktur zu erreichen. In diesem Zusammenhang ist besonders die Lignifizierung der Zellwände der Bianconi Platte, einer Sklerenchymscheide, zu nennen (KAISER et al., 1994). Das Ergebnis des gesamten Prozesses ist eine elastische und trotzdem enge Bindung der Ranke an ihren Haltepunkt.
Kaiser et al. (1994) konnten durch den Einsatz eines Hemmstoffes der Ligninbiosynthese zeigen, daß wie erwartet die Lignifizierung gehemmt wird, die Rankenkrümmung aber nach wie vor zu beobachten ist. Sie folgerten daraus, daß es sich hier um zwei voneinander unabhängige Prozesse handelt.

3.5.3 Die Rankenanatomie von *Bryonia*

Im Zusammenhang mit dem Krümmungsvorgang sollen auch kurz die anatomischen Gegebenheiten der Pflanze *Bryonia* interessieren, denn schließlich sind mit den äußerlich sichtbaren Veränderungen Umstrukturierungen auf anatomischer Ebene verbunden. Im schematischen Querschnitt (Abbildung 3.5), der die dorsiventrale Asymmetrie einer Ranke verdeutlicht, wird erkennbar, daß die dorsale Hälfte, in deren unteren Hälfte sich fünf bikollaterale Leitbündel befinden, überwiegend aus parenchymalem Gewebe besteht, während die ventrale Seite eher aus Kollenchym, das man zu den Festigungsgeweben zählt, gebildet wird. Ventral zum Phloem gelegen befindet sich die bereits erwähnte Bianconi Platte.
Vergleicht man dorsales und ventrales Gewebe im gekrümmten Zustand, so sind nach KAISER et al. (1994) Veränderungen besonders im ventralen Teil des Organs zu finden, während das dorsale Gewebe fast un-

verändert bleibt.

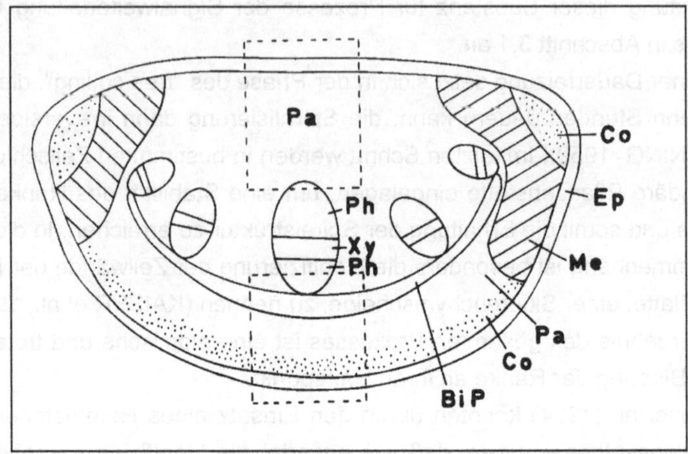

Abb. 3.5 Schematischer Querschnitt durch eine Ranke von *Bryonia dioica*. Die Dorsalseite befindet sich oben, die Ventralseite unten.
Der Durchmesser beträgt ca. 1 mm.
Pa: Parenchym; Ph: Phloem; Xy: Xylem; Co: Kollenchym; Ep: Epidermis; Me: mesophyll-ähnliches Gewebe; BiP: Bianconi-Platte
(aus: KAISER et al., 1994)

Die angesprochenen Veränderungen äußern sich in einer massiven Verstärkung von kollenchymalem Gewebe, die von subepidermalen Zellschichten ausgeht.

Man braucht den Ablauf der Rankenkrümmung auf zellulärer Ebene im Detail nicht zu kennen, um erahnen zu können, daß die Zellwand bei diesem Prozeß über eine hohe Dynamik verfügen muß. Da diese recht komplex aufgebaut ist, ist anzunehmen, daß der Mechanismus der Rankenkrümmung einer komplizierten Regulation unterworfen sein muß. Nach Aussage von KAISER et al. (1994) sind die zugrundeliegenden biochemischen Mechanismen bisher nur wenig bekannt. Auf jeden Fall scheint die Phosphorylierung von Proteinen eine wichtige Rolle zu spielen (PIOTROWSKI et al., 1996), auch vermutet man die Beteiligung verschiedener Signalstoffe, wie z.B. von Auxinen oder Ethylen. WEILER (2000) spricht daher zutreffenderweise von einem "Orchester der Enzyme".

3.5.4. Mechanotransduktion und octadecanoide Signalstoffe

FALKENSTEIN et al. (1991) konnten zeigen, daß Methyljasmonat und andere verwandte Stoffe auch ohne einen mechanischen Stimulus eine Rankenkrümmung in *Bryonia dioica* auslösen können. Es kommt neben dem beschriebenen Effekt sogar zu Lignineinlagerungen, somit ist diese chemische Substanz als völliger Ersatz für den mechanischen Reiz anzusehen. Heute geht man inzwischen sogar so weit, daß man die Rankenkrümmung als höchst selektiven und vor allen Dingen auch schnellen Biotest für die Wirksamkeit der verschiedenen octadecanoiden Signalstoffe verwendet.
Außerdem läßt ein Berührungsreiz die Konzentration von Jasmonsäure in Bryonia-Ranken ansteigen (ALBRECHT et al., 1993). Hieraus leitete man zunächst die Vermutung ab, daß es sich bei JA auch um den betreffenden endogenen Signalstoff handelt.
Doch langsam wurde klar, daß bei der Mechanotransduktion OPDA eine wichtigere Rolle als JA spielt (WEILER et al, 1994). So setzt bei einer exogenen Gabe des Methylesters von OPDA die Reaktion erheblich schneller ein als es bei JA-Me der Fall ist (WEILER et al., 1993). In diesem Zusammenhang wurde auch festgestellt, daß die für die Reizantwort benötigte Konzentration beim Jasmonat zehnmal höher sein muß als beim Derivat der OPDA.
Durch neuere Untersuchungstechniken konnte nachgewiesen werden, daß OPDA bezogen auf die Mechanoreaktion in *Bryonia* nicht nur die wirksamste exogene Substanz ist, sondern auch endogen dominiert (STELMACH et al., 1998 und BLECHERT et al., 1999). So ist es die OPDA und nicht die Jasmonsäure, deren Konzentration im Gewebe einer Ranke während eines Krümmungsvorganges stark ansteigt. Diese Beobachtung konnte auch bei der Bohnenpflanze gemacht werden

(STELMACH et al., 1998).

Es wurde bereits schon erwähnt, daß die Rankenkrümmung von *Bryonia* die Möglichkeit eines guten Biotests bietet. Auf diesem Wege analysierten BLECHERT et al. (1999) verschiedene jasmonat- und coronatinanaloge Stoffe und fanden so heraus, daß es zwei voneinander unabhängige Gruppen an aktiven Octadecanoiden geben muß, die jede für sich eine Rankenkrümmung in *Bryonia* hervorrufen können. Die Stoffe der einen Gruppe leiten sich mit nur wenigen strukturellen Modifikationen von der Jasmonsäure ab, während der zweite Schwerpunkt von Substanzen gebildet wird, die von der OPDA abstammen. Die strukturellen Anforderungen für biologische Aktivität müssen jeweils sehr unterschiedlich sein und überlappen nicht. Das könnte bedeuten, daß es mindestens zwei verschiedene Rezeptoren für Octadecanoide in diesem Gewebe geben muß (BLECHERT et al., 1999).

Bis ein umfangreiches Detailwissen über die molekularen Prozesse bei der Mechanotransduktion vorliegt, wird also noch vieles zu klären und zu erforschen sein. Die in diesem Rahmen auffallenden Parallelen zu Abwehrreaktionen von Pflanzen gegenüber Fraßfeinden und Krankheitserregern lassen nach WEILER (2000) eine gemeinsame evolutionäre Herkunft erahnen und möglicherweise eine neue Richtung beim biologischen Pflanzenschutz aufzeigen (vgl. Abschnitt 3.8).

3.6 Seneszenz

3.6.1 Allgemeines

Der Begriff Seneszenz (von lat.: *senescere* = altern, erschlaffen) bezeichnet Alterserscheinungen bei tierischen und pflanzlichen Organismen (RÖMPP, 1997). Bei Pflanzen wird also das Ende der Lebenszeit durch Seneszenz eingeleitet, ein typisches Phänomen hierfür ist die Laubfärbung. NOODÉN (1988) postulierte für diese Phase innerhalb der Entwicklung von Pflanzen eine drastische Änderung im Stoffwechsel, wobei Substanzen, die während der Wachstumsphase synthetisiert worden sind, in die Samen geleitet und dort gespeichert werden.

Es stellte sich für lange Zeit die Frage, ob es sich bei der Seneszenz einfach nur um den Zusammenbruch eines bis dahin intakten Systems, das ein bestimmtes Alter erreicht hat, handelt, oder ob die Bedeutung eine weitaus größere ist. Heute geht man von einem evolutionär bedingten Prozeß aus (PARK et al., 1998), der hoch organisiert und auch genetisch kontrolliert ist (BLEECKER, 1998). So konnte gezeigt werden, daß die Seneszenz von Blättern u.a. durch hormonale Faktoren beeinflußt wird. Auch die Expression von Genen ist an diesen Entwicklungsvorgängen beteiligt (NOODÈN und GUIAMET, 1996).

3.6.2 Blattseneszenz

Die bisher am besten untersuchte und auch wichtigste Erscheinung im Zusammenhang mit pflanzlichen Alterungsprozessen ist die Blattseneszenz. Hierbei handelt es sich um eine vorhersagbare Abfolge von Ereignissen, die man auch als *Seneszenz-Syndrom* bezeichnet (NOODÈN und GUIAMET, 1996). Am augenscheinlichsten ist sicherlich der Verlust von Chlorophyll, wodurch andersfarbige Komponenten, u.a. die Anthocyane, zur Geltung kommen (GUT et al., 1987). Auch ist bei der Blattseneszenz eine Änderung im Stoffwechsel zu beobachten. Es kommt zu einer Hydrolyse von Makromolekülen (Proteine, Lipide und Nucleinsäuren) und zum Transport der so gewonnenen Nährstoffe, die besonders Kohlenstoff und Stickstoff enthalten, in andere Teile der Pflanze wie etwa Samen oder aber sich entwickelnde Organe (DYER und OSBORNE,

1971). Aus diesen Befunden läßt sich die evolutionäre Signifikanz von Seneszenz ableiten: Durch das Prinzip der Rückführung gehen einer Pflanze auf biochemischem Wege möglichst wenig Nährstoffe verloren.
Untersuchungen von OH et al. (1996) ergaben, daß bei einsetzender Blattseneszenz von *Arabidopsis thaliana* gleichzeitig die Expression eines sogenannten *seneszenz-assoziierten Gens* (SAG) erfolgt; heute weiß man bereits von vier derartigen Genen in dieser Pflanze (PARK et al., 1998). Die genaue physiologische Funktion der SAGs, die es auch in anderen Arten gibt, ist noch nicht bekannt (LOHMANN et al., 1994).
Die Regulation der Gene, die beim Phänomen Seneszenz in Erscheinung treten, ist ebenfalls noch relativ unklar. Fest steht jedoch, daß sie bei der Induktion durch unterschiedliche Faktoren auch auf unterschiedlichen Wegen abläuft (PARK et al., 1998).
So ist beispielsweise auch das Ozon in der Lage, in *Arabidopsis* durch Aktivierung einiger Gene die Blattseneszenz zu fördern (MILLER et al., 1999). Daß solche reaktive Sauerstoffverbindungen eine wichtige Rolle in der zellulären Signaltransduktion spielen können, wurde an anderer Stelle bereits kurz erwähnt (vgl. Kapitel 3.2.4).
Zusammenfassend läßt sich sagen, daß die Seneszenz von Pflanzen ein geregelter Alterungsprozeß ist, der auch durch vielschichtige Interaktionen mit endogenen und exogenen Faktoren beeinflußt wird. So haben, um einmal kurz die Pflanzenhormone anzusprechen, Abscisinsäure und Ethylen eine seneszenzfördernde Wirkung, während Cytokinin diesbezüglich hemmend wirkt (KODA, 1992).

3.6.3 Die Wirkung octadecanoider Signalstoffe

Jasmonsäure und ihr Methylester können, wenn sie in hohen Konzentrationen exogen appliziert werden, in Pflanzen Seneszenz hervorrufen (UEDA und KATO, 1980); diese Beobachtung führte ja dazu, sich näher mit dieser Stoffgruppe zu beschäftigen. Nachfolgende Arbeiten geben als Wirkung von JA bzw. Me-JA den Verlust von Chlorophyll (KOVAC und RAVNIKAR, 1994) und den Abbau von Rubisco (POPOVA und VAKLINOVA, 1988) an. Ob nun die Jasmonsäure *in vivo* aufgrund der geringen Konzentration allein für die Seneszenz in Pflanzen verantwortlich ist, ist immer noch unklar. Entscheidend ist wohl das Verhältnis der verschiedenen an diesem Phänomen beteiligten Pflanzenhormone.

Interessanterweise werden während der Blattseneszenz auch Genprodukte induziert, die Ähnlichkeiten zu den Proteinen aufweisen, die im Zusammenhang mit der bei einem pathogenen Befall vorliegenden systemisch erworbenen Resistenz (SAR) in Erscheinung treten (QUIRINO et al., 2000). Einige der angesprochenen Gene werden durch Salicylsäure aktiviert, wie es ja auch bei der SAR der Fall ist.

Diese auffallenden Gemeinsamkeiten bei der Blattseneszenz und der Abwehr von Pathogenen müssen nicht zufällig sein, denn möglicherweise dient die Seneszenzwirkung der octadecanoiden Signalstoffe dem Zweck, daß bei einem Befall durch fremde Organismen in den betreffenden Geweben ein Abtransport von Nährstoffen erfolgt, so daß die Pflanze für ihren potentiellen Feind an Wert verliert (WEILER et al., 1998).

3.7 Sonstige Prozesse

3.7.1 Übersicht

Physiologischer Prozeß	Effekt der Jasmonate
Proteinsynthese	Induktion / Förderung
Ethylenbiosynthese	Stimulation
Respiration	Förderung
Photosyntheseaktivität	Inhibition
Biosynthese der Rubisco	Inhibition
Chlorophyllabbau	Förderung
Chlorophyllbildung	Inhibition
Zusammenbruch der Mikrotubuli	Induktion
Schließung der Stomata	Förderung
Wurzelbildung	Induktion
Laubabwurf	Förderung
Knospenbildung	Inhibition
Pollenkeimung	Stimulation / Inhibition
Abbruch der Samenruhe	Förderung
Samenkeimung	Inhibition
Bildung von Adventivwurzeln	Stimulation
Embryogenese	Inhibition
Längenwachstum von Wurzeln	Inhibition

Abb. 3.6 Effekte der Jasmonate
(verändert nach SEMBDNER und PARTHIER, 1993)

Im Rahmen dieses Buches sind als ausgewählte Wirkungen octadecanoider Signalstoffe die Partizipation beim Befall von Pflanzen mit Herbivoren und Pathogenen, bei der Mechanotransduktion und bei der Seneszenz sowie mögliche Funktionen innerhalb der Signaltransduktion ausführlich behandelt worden. Um nicht den Eindruck zu erzeugen, daß es sich hierbei um die einzigen Effekte handelt, sollen in der Abbildung 3.6 andere Auswirkungen auf pflanzliche Wachstums- und Entwicklungsprozesse tabellarisch angedeutet werden.

Im Anschluß daran werden vor dem Hintergrund der Octadecanoide die Induktion spezieller Proteine (Kapitel 3.7.2), mögliche Interaktionen mit Pflanzenhormonen (Kapitel 3.7.3), der Einfluß von ultraviolettem Licht (Kapitel 3.7.4) sowie evolutionäre Überlegungen (Kapitel 3.7.5) vorgestellt.

3.7.2 Die Induktion spezieller Proteine

Octadecanoide Signalstoffe induzieren in Pflanzen die Synthese von Proteinen, die von WEIDHASE et al. (1987) als *jasmonate-induced proteins* (dt.: durch Jasmonate induzierte Proteine) bezeichnet wurden.

Zu dieser Gruppe lassen sich die Proteinaseinhibitoren (vgl. Kapitel 3.2.2) und Thionine (vgl. Kapitel 3.3.4) zählen, die ja an der Abwehr von Schädlingen beteiligt sind.

Speicherfunktion besitzt nun eine weitere Klasse von Proteinen, die durch Jasmonate induziert werden, nämlich die sogenannten *vegetative storage proteins* (dt.: vegetative Speicherproteine = VSP). Sie sind besonders gut an der Sojapflanze untersucht und von WITTENBACH (1983) als 28 kDa und 32 kDa große Proteine erstmalig beschrieben worden. Bei der Pflanze *Arabidopsis thaliana* fand man sie zunächst in Blütenorganen (UTSUGI et al., 1996).

VSPs sammeln sich vorübergehend in Zellvakuolen von vegetativen Geweben wie beispielsweise Mesophyll- oder Bündelscheidenzellen, wenn diese gut mit Nährstoffen versorgt werden. So sind sie vermutlich an der kurzzeitigen Stickstoffspeicherung beteiligt (STASWICK, 1990).

Kommt es dann zum Wachstum der Pflanze oder zur Neuentwicklung von Organen, werden diese VSPs abgebaut und der dann zur Verfügung stehende Stickstoff an die jeweiligen Orte der Entwicklung (z.B. Knospen, Früchte oder Samen) transportiert (MASON et al., 1992). Neuere Erkenntnisse von UTSUGI et al. (1998) lassen vermuten, daß VSPs bei der Synthese von Abwehrstoffen gegen Schädlinge als Stickstoffquelle dienen.

Eine Akkumulation dieser Gene bzw. ihrer mRNAs ist zu beobachten bei der Zufuhr von Stickstoff (STASWICK et al. 1991), der Verletzung von

Gewebe (MASON et al., 1992) oder auch Wassermangel (STASWICK, 1988), wobei es sich in den letzten beiden Fällen eindeutig um sogenannte Streßsituationen handelt. JA-Me vermag nun ebenfalls die VSP-Akkumulation zu induzieren (HUANG et al., 1991).

Als indirekter Beweis dafür, daß Jasmonate an der Signalweiterleitung in Pflanzen, die zur VSP-Genexpression führt, beteiligt sind, mag die Beobachtung von STASWICK et al. (1991) dienen, daß in Geweben, die mit Inhibitoren der Lipoxygenase, einem frühen Enzym innerhalb der Jasmonatbiosynthese (vgl. Kapitel 2.3.3), behandelt werden, eine deutliche Abnahme von VSP-Transkripten zu beobachten ist. Die genauere Untersuchung der Genregulation wird in Zukunft wohl zum näheren Verständnis der Induzierungsmechanismen beitragen.

3.7.3 Die Wirkung auf Pflanzenhormone

Daß es einen Zusammenhang und somit bestimmte Interaktionen zwischen den Octadecanoiden und verschiedenen Pflanzenhormonen gibt, wurde relativ früh bekannt. So stellten die beiden polnischen Forscher SANIEWSKI und CZAPSKI bereits 1985 fest, daß JA-Me die Produktion von Ethylen in Tomatenpflanzen zu stimulieren vermag, wobei der Effekt bei reifen und roten Tomaten wesentlich heftiger auftritt als bei den grünen Früchten. Zurückzuführen ist die vermehrte Freisetzung auf eine Aktivitätssteigerung von wichtigen Enzymen der Ethylenbiosynthese wie etwa der ACC-Synthase (SANIEWSKI et al., 1987). Wenn man sich vor Augen hält, daß C_2H_4 seneszenzfördernd wirkt (vgl. Kapitel 1.2.5), so ist es eigentlich konsequent, daß seine Neusynthese durch Jasmonate, die ja ebenfalls in Pflanzen Alterungsprozesse beschleunigen können (Abschnitt 3.6), induziert wird.

Auf die Abscisinsäure hat JA-Me dagegen einen hemmenden Effekt. Diese kann ja ähnlich der 3-Indolylessigsäure auf dem Wege eines polaren Transportes Membranen passieren und in Zellen eintreten, um beispielsweise von den Blättern zu Wachstumspunkten zu gelangen (ASTLE und RUBERY, 1985). Die Autoren vermuten als Ursache für eine derartige Hemmung eine Interaktion des octadecanoiden Signalstoffes mit dem entsprechenden Abscisinsäure-Carrier.

Die Wechselwirkung von Pflanzenhormonen mit octadecanoiden Signalstoffen ist aber auch *vice versa* zu beobachten. So konnten LAUDERT und WEILER (1998) zeigen, daß Ethylen die Akkumulation von mRNA der AOS induzieren kann, wobei es sich um ein Enzym handelt, das als regulatorische Größe innerhalb der Jasmonatbiosynthese angesehen wird (vgl. Kapitel 2.3.4 und 2.3.9). Als Folge wird die Jasmonatbiosynthese gesteigert, man kann also sagen, daß JA und Ethylen sich gegenseitig in ihrer Synthese stimulieren. Die physiologische Relevanz dieses Phänomens läßt sich damit erklären, daß Abwehrprozesse gegen Herbivore nicht allein durch das Vorhandensein von Octadecanoiden initiiert werden, sondern immer der gleichzeitigen Anwesenheit von Ethylen bedürfen (WEILER, 1997). Beim Vorgang der Rankenkrümmung (vgl. Abschnitt 3.5) wird dieses gasförmige Pflanzenhormon im Gegensatz dazu ausdrücklich nicht benötigt (WEILER et al., 1993).

Andere Substanzen wie das Gibberellin GA_3, Kinetin oder ein Auxin sind nicht in der Lage, das Enzym Allenoxidsynthase zu induzieren (LAUDERT und WEILER, 1998).

Bei der Abscisinsäure konnte nicht festgestellt werden, daß sie den Vick-Zimmermann-Weg bzw. eines seiner Enzyme aktivieren kann (LAUDERT und WEILER; 1998), obwohl sie in manchen Pflanzen durchaus als Co-Partner von octadecanoiden Signalstoffen benötigt wird. So ist es Mutanten der Tomatenpflanze mit einer Abscisinsäuredefizienz nicht möglich, nach einer mechanischen Verwundung Proteinaseinhibitoren zu akkumulieren. Fügt man jedoch exogen JA zu, so wird diese Barriere aufgehoben (PENA-CORTES et al., 1995). Das läßt die Vermutung zu, daß an dieser Stelle die Abscisinsäure für die Jasmonatsynthese zwingend benötigt wird.

Die Gene für das Isoenzym OPR3, das nach SCHALLER et al. (2000) innerhalb der Jasmonatbiosynthese von Bedeutung ist, werden wie bereits erwähnt durch Brassinosteroide aktiviert (MÜSSIG et al., 2000). Dies läßt die Hypothese einer Verknüpfung beider Hormonsysteme zu; schließlich finden sich in Pollen oft hohe Brassinosteroidkonzentrationen

(vgl. Kapitel 1.3.2), während die Jasmonsäure auf der anderen Seite zur Pollenreifung benötigt wird (XIE et al., 1998). Die Ergebnisse von KUBIGSTELTIG et al. (1999) von Untersuchungen an AOS-Promotoren scheinen diese Hypothese zu stützen.
Jene hier geschilderten Beobachtungen, die sicherlich keinen Anspruch auf Vollständigkeit erheben, zeigen, daß octadecanoide Signalstoffe durchaus einen gleichberechtigten Platz innerhalb der Familie der sogenannten klassischen Pflanzenhormone einnehmen.

3.7.4 Der Einfluß von ultravioletter Strahlung

Das Sonnenlicht kann als elektromagnetische Strahlung bestimmter Wellenlängen beschrieben werden. Ein kleiner Ausschnitt dieses Spektrums ist in Abbildung 3.7 dargestellt, wobei die Grenzen je nach Definition auch geringfügig anders abgesteckt werden können.

Bereich	Ultraviolett (UV) C B A	Sichtbar (VIS)	Infrarot (IR)
Wellenlänge	<280nm - 320nm - 380nm	380nm - 780 nm	780nm - 300µm

Abb. 3.7 Wichtige Bereiche des Sonnenspektrums (nach RÖMPP, 1997)

Man erkennt, daß die UV-Strahlung in einem kurzwelligeren und somit energiereicheren Bereich als das sichtbare Licht liegt, das ja hauptsächlich von Pflanzen für die Photosynthese verwendet wird.
CONCONI et al. (1996) konnten zeigen, daß die Bestrahlung von Blättern der Tomatenpflanze mit ultraviolettem Licht die Expression von den pflanzlichen Abwehrgenen induziert, die auch bei einer mechanischen Verwundung freigesetzt werden; namentlich seien da die Proteinaseinhibitoren I und II genannt (vgl. Kapitel 3.2.2). Die Aktivierung des octadecanoiden Signalweges konnte in diesem Zusammenhang nachgewiesen werden. Neuere Untersuchungen an Blättern der Tomatenpflanze von

STRATMANN et al. (2000) präzisieren, daß im Gegensatz zu Verwundung, Elizitoren und UVC-Strahlung, relativ energieärmeres UVB- und UVA-Licht nicht in der Lage ist, meßbare Konzentrationsänderungen von OPDA oder JA zu erzielen oder die Synthese von Proteinaseinhibitoren zu induzieren.

Es sei in diesem Zusammenhang erwähnt, daß Jasmonate die Konzentration an Anthocyanen, das sind lichtabsorbierende und dabei photosynthetisch inaktive Pigmente, steigern können (FRANCESCHI und GRIMES, 1991). Bedenkt man jetzt noch den Abbau von Chlorophyll, der im Zusammenhang mit dem Phänomen Seneszenz zu beobachten ist (Abschnitt 3.6), so kann vermutet werden, daß octadecanoide Signalstoffe durch diese photosynthesehemmenden Mechanismen an der Abwehr von Lichtstreß beteiligt sind, wobei CONCONI et al. (1996) besonders auf die für jeden Organismus gefährliche DNA-schädigende Wirkung der UV-Strahlung hinweisen.

Die Ergebnisse von STRATMANN et al. (2000), daß es bei gleichzeitiger UVB/UVA-Bestrahlung und Verwundung zu einer eindeutig gesteigerten Akkumulation von Proteinaseinhibitoren kommt, zeigen eine mögliche Richtung für weitere Studien auf.

3.7.5 Aspekte der Evolution

Wie im Laufe dieses Buches erkennbar wurde, sind octadecanoide Signalstoffe in Höheren Pflanzen an vielen verschiedenen Prozessen beteiligt, die von manchen Autoren als Streßsituationen bezeichnet werden. Auch in anderen Organismen gibt es Substanzen, die diese Aufgaben wahrnehmen und dabei bezogen auf Struktur und Biochemie Parallelen zu diesen pflanzlichen Signalstoffen aufweisen. Als Beispiel ließen sich die Eicosanoide nennen, die als ungesättigte Fettsäuren mit 20 Kohlenstoffatomen Vorstufen von zahlreichen Regulatoren in menschlichen und tierischen Organismen sind. Eine oft anzutreffende Verbindung ist die Arachidonsäure, deren enzymatische Oxidation zu einer Vielzahl biochemisch bedeutender Verbindungen wie etwa den Prostaglandinen führt (RÖMPP, 1997). Ob es sich hierbei um homologe oder analoge Signalsysteme handelt, die also den gleichen stammesgeschichtlichen Vorfahren haben oder nicht, kann nicht eindeutig festgelegt werden (WEILER, 1998).

Zur Entstehung der octadecanoiden Signalstoffe könnte man vermuten, daß durch die Entstehung von auf Sauerstoff basierendem Leben vermehrt oxidative Schädigungen von biologischen Membranlipiden auftraten. Im Laufe der Evolution entwickelten sich dann Lipasen, die eben diese oxidierten Fettsäuren gezielt entfernten. So könnte durch stetige Weiterentwicklung ein Signalsystem entstanden sein, das basierend auf Membranlipiden nun vermehrt auch durch andere Streßsituationen als die durch Oxidation generierten aktiviert wird (WEILER, 1997).

3.8 Octadecanoide Signalstoffe im Pflanzenschutz

Es zeigte sich in mehreren Experimenten, daß eine Pflanze Abwehrreaktionen wie in einer realen Gefahrensituation zeigt, wenn man ihr die entsprechenden octadecanoiden Signalstoffe von außen zuführt.

Theoretisch ist nun eine besondere Art der Schädlingsbekämpfung denkbar, wenn nämlich eine gesteuerte Induktion von Abwehrreaktionen der Pflanze hilft, sich selbst gegen Pathogene und Herbivore zu wehren; man könnte dies unter dem Schlagwort „Hilfe zur Selbsthilfe" plakativ formulieren.

In ersten Erprobungsversuchen konnte Jasmonsäure beispielsweise in Kartoffelpflanzen eine Resistenzbildung gegen den Pilz *Phytophthora infestans* hervorrufen (COHEN et al., 1993). Ein wenig wird diese allgemeine Aussage jedoch in Frage gestellt, da JA die Keimung von Sporangien verschiedener Pilze zu verhindern vermag. Die Autoren vermuten daher, daß der sofortige Schutz auf dieser direkten Wirkung des octadecanoiden Signalstoffes beruht und sich ein langfristigerer Effekt möglicherweise auf eine induzierte Resistenz (vgl. Kapitel 3.3.5) zurückführen läßt.

Bei allen Bestrebungen sollte man nicht aus den Augen verlieren, daß JA zwar an interessanten Abwehrprozessen beteiligt ist, sie aber auch gleichzeitig seneszenzfördernd wirkt. Bei diesem Alterungsprozeß handelt es sich um einen Nebeneffekt, der in der Landwirtschaft höchst unerwünscht ist. Jedoch ist man nach BLECHERT et al. (1997) durchaus in der Lage, gezielt JA-Analoga für spezielle Anwendungsbereiche zu synthetisieren, die dann derartige unerwünschte Nebenwirkungen weitgehend ausklammern.

In einem aktuellen Feldversuch konnte durch das Aufbringen von JA auf Tomatenpflanzen die Sterblichkeit der Fraßfeinde um den Faktor zwei erhöht werden (THALER, 1999). Allerdings erfolgte hier über die Synthese flüchtiger Substanzen eine Anlockung natürlicher Feinde der herbivoren Insekten.

An anderer Stelle (Kapitel 3.5.4) wurde auf mögliche Parallelen zwischen Prozessen der Mechanotransduktion und pflanzlichen Verteidigungsstrategien hingewiesen. Daraus könnte sich die Vermutung ergeben, daß Pflanzen an natürlichen Standorten weniger leicht von Fraßfeinden und Krankheitserregern befallen werden als solche an geschützten Standorten, wo eine mechanische Beanspruchung fehlt (WEILER, 2000). Vor diesem Hintergrund läßt sich der Vorschlag entwickeln, Pflanzen im Gewächshaus einem künstlichen "Wind" auszusetzen, um so eine erhöhte Resistenz zu erzielen.

Dies wäre ein neuer Schritt in Richtung eines zukunftsfähigen Pflanzenschutzes, der nicht die tonnenweise Verwendung chemischer Keulen zum Ziel hat sondern vielmehr alternative Methoden Anwendung finden läßt.

4. Zusammenfassung und Ausblick

Pflanzen können genau wie andere Organismen Veränderungen in ihrer Umwelt wahrnehmen. Sie sind nun aufgrund ihrer sessilen Lebensweise besonders darauf angewiesen, auf eben jene Signale, es gibt Quellen, die hier von Streßsituationen sprechen möchten, mit biochemischen Prozessen zu reagieren. In diesem Zusammenhang haben sich im Laufe der Zeit mehrere unterschiedliche Substanzklassen herausgebildet, eine davon ist die Familie der octadecanoiden Signalstoffe. Auf einen ihrer Vertreter, den Jasmonsäuremethylester, wurde zunächst in den sechziger Jahren die Parfumindustrie aufmerksam. Die Reaktionsfolge der Biosynthese der Jasmonate wurde dann in den achtziger Jahren aufgeklärt, zu einer Zeit, zu der physiologische Wirkungen, wenn man von Zufallsentdeckungen einmal absieht, noch unbekannt waren. Heute weiß man über Details der Biosynthese wie etwa einzelne Enzyme schon wesentlich mehr, jedoch sind noch einzelne Fragen zur Genregulation, der Kompartimentierung der Reaktionen und zum Transport der einzelnen Intermediate unbeantwortet.

Waren die Jasmonate in der frühen Zeit ihrer Entdeckung ausschließlich als Auslöser von Seneszenz sowie als Wachstumsinhibitor bekannt, so hat sich im Laufe der Zeit die Kenntnis ihres Wirkungsspektrums doch stark erweitert. Die Funktionen beim Befall von Pflanzen durch Herbivore und Pathogene, bei der Mechanotransduktion sowie bei der Erscheinung der Seneszenz sind neben anderen nach heutigem Wissensstand im Rahmen dieses Buches vorgestellt worden. Hierbei sollte klar geworden sein, daß einige Bereiche der Jasmonatinteraktion noch immer ungeklärt sind.

Besonders die Modelle der Signalweiterleitung, die beschreiben, wie es beispielsweise nach einem Befall durch einen Krankheitserreger in der Pflanze zur Aktivierung der einzelnen Abwehrgene kommt, verbleiben nach wie vor hypothetisch. Man hat zwar verschiedene Substanzen mit Signalcharakter isoliert, jedoch steht die Klärung der Wirkmechanismen noch aus. Einen erheblichen Schritt wird man weiter sein, wenn die für die einzelnen Substanzen spezifischen Rezeptoren identifiziert worden sind. Auch stellen transgene Pflanzen mit definierbaren enzymatischen Eigenschaften bei der Klärung offener Fragen eine große Hoffnung dar. Es ist gezeigt worden, daß Wechselbeziehungen zu den sogenannten klassischen Pflanzenhormonen bestehen. Daher sollte die Möglichkeit gegeben sein, die Jasmonate hier als gleichberechtigte Partner zu sehen. Man wird noch klären müssen, in welcher Form die Jasmonate in das hormonale Netzwerk von Pflanzen eingebettet sind.

Octadecanoide Signalstoffe, sie leiten sich also als Oxylipine von C_{18}-Fettsäuren ab, die als Antwort auf Umwelt- oder Entwicklungssignale aus Membranen gelöst werden, um dann in intrazellulär wirkende Pflanzenhormone umgewandelt zu werden, die der Pflanze helfen, gegen biotische und abiotische Reize zu bestehen.

5. Literaturverzeichnis

Addicott, F.F.; Carns, H.R.; Cornforth, J.W.; Lyon, J.L.; Milborrow, B.V.; Ohkuma, K.; Ryback, G.; Smith, O.E.; Thiessen, W.E., Wareing, P.F. (1968)
Abscisic acid: a proposal for the redesignation of abscisin II (dormin).
in: Biochemistry and physiology of plant growth substances, Seite 1527-1529
Wightman, F. und Setterfield, G. (Hrsg.)
Runge Press, Ottawa

Albrecht, T.; Kehlen, A.; Stahl, K.; Knöfel, H.-D.; Sembdner, G.; Weiler, E.W. (1993)
Quantification of rapid transient increases in jasmonic acid in wounded plants using a monoclonal antibody.
Planta **191**, 86-94

Aldrige, D.C.; Galt, S.; Giles, D.; Turner, W.B. (1971)
Metabolites of *Lasiodiplodia theobromae.*
J. Chem. Soc. (C), 1623-1627

Anderson, J.M. (1985)
Evidence for phloem transport of jasmonic acid.
Plant Physiol. **77**, 75

Arimura, G.; Ozawa, R.; Shimoda, T.; Nishioka, T.; Boland, W.; Takabayashi, J. (2000)
Herbivory-induced volatiles elicit defense genes in lima bean leaves.
Nature **406**, 512-515

Astle, M.C.; Rubery, P.H. (1985)
Modulation of carrier-mediated uptake of abscisic acid by methyljasmonate in *Phaseolus coccineus* L. .
Planta **166**, 252-258

Bailey, J.A. (1974)
The relationship between symptom expression and phytoalexin concentration in hypocotyls of *Phaseolus vulgaris* infected with *Colletotrichum lindemuthianum*.
Physiol. Plant Pathol. **4**, 477-488

Baydoun, E.A.; Fry, S.C. (1985)
The immobility of pectic substances in injured tomato leaves and its bearing on the identity of the wound hormone.
Planta **165**, 269-276

Bell, E.; Mullet, J.E. (1993)
Characterization of an *Arabidopsis* lipoxygenase gene responsive to methyl jasmonate and wounding.
Plant Physiol. **103**, 1133-1137

Bell, E.; Creelmann, R.A.; Mullet, J.E. (1995)
A chloroplast lipoxygenase is required for wound-induced jasmonic acid accumulation in *Arabidopsis*.
Proc. Natl. Acad. Sci. USA **92**, 8675-8679

Biesgen, C.; Weiler, E.W. (1999)
Structure and regulation of *OPR1* and *OPR2*, two closely related genes encoding 12-oxophytodienoic acid-10,11-reductases from *Arabidopsis thaliana*.
Planta **208**, 155-165

Bishop, P.D.; Pearce, G.; Bryant, J.E.; Ryan, C.A. (1984)
Isolation and characterization of the proteinase inhibitor-inducing factor from tomato leaves.
J. Biol. Chem. **259**, 13172-13177

Blechert, S.; Brodschelm, W.; Hölder, S.; Kammerer, L.; Kutchan, T.M.; Mueller, M.J.; Xia, Z.Q.; Zenk, M.H. (1995)
The octadecanoic pathway: signal molecules for the regulation of secondary pathways.
Proc. Natl. Acad. Sci. USA **92**, 4099-4105

Blechert, S.; Bockelmann, C.; Brümmer, O.; Füßlein, M.; Gundlach, H.; Haider, G.; Hölder, S.; Kutchan, T.M.; Weiler, E.W.; Zenk, M.H. (1997)
Structural separation of biological activities of jasmonates and related compounds.
J. Chem. Soc. Perkin Trans. **1** 3549-3559

Blechert, S.; Bockelmann, C.; Füßlein, M.; Schrader von, T.; Stelmach, B.A.; Niesel, U.; Weiler, E.W. (1999)
Structure-activity analyses reveal the existence of two separate groups of active octadecanoids in elicitation of the tendril-coiling response of *Bryonia dioica* Jacq..
Planta **207**, 470-479

Blée, E. (1998)
Phytooxylipins an plant defense reactions.
Prog. Lipid Res. **37** (1) Seite 33-72

Blée, E.; Joyard, J. (1996)
Envelope membranes from spinach chloroplasts are a site of metabolism of fatty acid hydroperoxides.
Plant Physiol. **110**, 445-454

Bleecker, A.B. (1998)
The evolutionary basis of leaf senescence: method to the madness?
Curr. Opin. Plant Biol. **1**, 73-78

Bohlmann, H.; Apel, K. (1991)
Thionins.
Annu. Rev. Plant Physiol. Plant Mol. Biol. **42**, 227-240

Brash, A.R.; Baertschi, S.W.; Ingram, C.D.; Harris, T.M. (1988)
Isolation and characterization of natural allene oxides: unstable intermediates in the metabolism of lipid hydroperoxides.
Proc. Natl. Acad. Sci. USA **85**, 3382-3386

Broekaert, W.F.; Terras, F.R.G.; Cammue, B.P.A.; Osborn, R.W. (1995)
Plant defensins: novel antimicrobial peptides as components of the host defense system.
Plant Physiol. **108**, 1353-1358

Brückner, C.; Kramell, R.; Schneider, G.; Schmidt, J.; Preiss, A.; Sembdner, G.; Schreiber, K. (1988)
N-[(-)-jasmonoyl]-S-tryptophan and a related tryptophan conjugate from *Vicia faba*.
Phytochemistry **27**, 275-276

Bruix, M.; Jiménez, M.A.; Santoro, J.; González, C.; Colilla, F.J.; Méndez, E.; Rico, M. (1993)
Solution structure of gamma 1-H and gamma 1-P thionins from barley and wheat endosperm determined by ^{1}H-NMR: a structural motif common to toxic arthropod proteins.
Biochemistry **132**, 715-724

Bryant, J.; Green, T.; Gurussaddaiah, T.; Ryan, C.A. (1976)
Proteinase inhibitor II from potatoes: isolation and charcterization of the isoinhibitor subunits.
Biochemistry **15**, 3418-3423

Bünning, E. (1959)
Die thigmonastischen und thigmotropischen Reaktionen
in: Handbuch der Pflanzenphysiologie, Vol. XVII, Seite 254-277
Ruchland, W. (Hrsg.)
Springer-Verlag, Berlin, Göttingen, Heidelberg

Bush. D.S. (1993)
Regulation of cytosolic calcium in plants.
Plant Physiol. **103**, 7-13

Capitani, G.; Hohenester, E.; Feng, L.; Storici, P.; Kirsch, J.; Jansonius J. (1999)
Structure of 1-aminocyclopropane-1-carboxylate synthase, a key enzyme in the biosynthesis of the plant hormone ethylene.
J. Mol. Biol. **294** (3), 745-756

Cohen, Y.; Gisi, U.; Mosinger, E. (1993)
Local and systemic protection against *Phytophora infestans* induced in potato and tomato plants by jasmonic acid and jasmonic methylester.
Phytopath. **83**, 1054-1062

Colilla, F.J.; Rocher, A.; Mendez, E. (1990)
Gamma-purothionins: amino acid sequence of two polypeptides of a new family of thionins from wheat endosperm.
FEBS Lett. **270**, 191-194

Conconi, A.; Smerdon, M.J.; Howe, G.A.; Ryan, C.A. (1996)
The octadecanoid signalling pathway in plants mediates a reponse to ultraviolet radiation.
Nature **383**, 826-829

Crabalona, L. (1967)
Presence of levorotatory methyl jasmonate, methyl cis-2-2-(2-penten-1-yl)-3-oxocyclopentenyl acetate, in essential oil of tunesian rosemary.
C.R. Acad. Sci., Paris Sér. C **264**, 2074-2076

Creelmann, R.A.; Mullet; J.E. (1995)
Jasmonic acid distribution and action in plants: regulation during development and response to biotic and abiotic stress.
Proc. Natl. Acad. Sci. USA **92**, 4114-4119

Darvill, A.G.; Albersheim, P. (1984)
Phytoalexins and their elicitors - a defense against microbial infection in plants.
Annu. Rev. Plant Physiol. **35**, 243-275

Davies, P.J. (Hrsg.) (1987)
Plant hormones and their role in plant growth and development.
Davies, P.J. (Hrsg.)
Dordrecht: Nijhoff

Davies, P.J. (1995)
The plant hormones: their nature, occurrence and functions.
in: Plant hormones, Seite 1-12
Davies, P.J. (Hrsg.)
Kluwer academic publishers, printed in the Netherlands

Demole, E.; Lederer, E.; Mercier, D. (1962)
Isolement et détermination de la structure du jasmonate de méthyle, constituant odorant charactéristique de l´essence de jasmin.
Helv. Chim. Acta **45**, 675-685

Dixon, R.A.; Harrison, M.G. (1992)
Activation, structure and organization of genes involved in microbial defense in plants.
Adv. Genet. **28**, 165-234

Doares, S.H.; Syrovets, T.; Weiler, E.W.; Ryan, C.A.; (1995)
Oligouronides and chitosan activate plant defensive genes through the octadecanoid pathway.
Proc. Natl. Acad. Sci. USA **92**, 4095-4098

Dyer, T.A.; Osborne, D.J. (1971)
Leaf nucleic acids II. Metabolism during senescence and the effect of kinetin.
L. Exp. Bot. **22**, 552-560

Eberhard, S.; Doubrava, N.; Marfia, V.; Mohnen, D.; Southwick, A.; Darvill, A.; Albersheim, P. (1989)
Pectic cell fragments regulate tobacco thin-cell layer explant morphogenesis.
Plant Cell **1**, 747-755

English, J.; Bonner, J.; Haagen-Smit, A.J. (1939)
Structure and synthesis of a plant wound hormone.
Science **90**, 329

Eskin, N.A.M.; Grossmann, S.; Pinsky, A. (1977)
Biochemistry of lipoxygenase in relation to food quality.
CRC Crit. Rev. Food Sci. Nutr. **9**, 1-40

Falkenstein, E.; Groth, B.; Mithöfer, A.; Weiler, E.W. (1991)
Methyljasmonate and α-linolenic acid are potent inducers of tendril coiling.
Planta **185**, 316-322

Farmer, E.E.; Ryan, C.A. (1990)
Interplant communication: airborne methyl jasmonate induces synthesis of proteinase inhibitors in plant leaves.
Proc. Natl. Acad. Sci. USA **87**, 7713-7716

Farmer, E.E.; Johnson, R.R; Ryan, C.A. (1992)
Regulation of expression of proteinase inhibitor genes by methyl jasmonate and jasmonic acid.
Plant Physiol. **98**, 995-1002

Farmer, E.E.; Ryan, C.A. (1992a)
Octadecanoid precursors of jasmonic acid activate the synthesis of wound-inducible proteinase inhibitors.
Plant Cell **4**, 129-134

Farmer, E.E.; Ryan, C.A. (1992b)
Octadecanoid-derived signals in plants.
Trends in Cell Biol. **2**, 236-241

Farmer, E.E. (1994)
Fatty acid signalling in plants and their associated microorganisms.
Plant Mol. Biol. **26**, 1423-1437

Ferguson, I.B.; Mitchell, R.E. (1985)
Stimulation of ethylene production in bean leaf discs by the pseudomonad phytoalexin coronatin.
Plant Physiol. **77**, 969-973

Franceschi, V.R.; Grimes, H.D. (1991)
Induction of soybean vegetative storage proteins and anthocyanins by low-level atmospheric methyl jasmonate.
Proc. Natl. Acad. Sci. USA **88**, 6745-6749

French, C.E.; Bruce, N.C. (1995)
Bacterial morphinone reductase is related to Old Yellow Enzyme
Biochem. J. **312**, 671-678

Gaffney, T.; Friedrich, L.; Vernooij, B.; Negrotto, D.; Nye, G.; Ukness, S.; Ward, E.; Kessmann, H.; Ryals, J. (1993)
Requirement of salicylic acid for the induction of systemic acquired resistance.
Science **261**, 754-756

Ganz, T.; Metcalf, J.A.; Gallin, J.I.; Boxer, L.A.; Lehrer, R.I.; (1988)
Microbicidal / cytotoxic proteins of neutrophils are deficient in two disorders: Chediak-Higashi sydrome and „specific" granule deficienca.
J Clin. Invest. **82**, 552-556

Gerwick, W.H.; Moghaddam, M.; Hamberg, M. (1991)
Oxylipin metabolism in the red alga Gracilariopsis lemaneiformis: mechanism of formation of vicinal dihydroxy fatty acids.
Arch. Biochem. Biophys. **290** (2), 436-444

Graebe, J.E. (1988)
Gibberellin biosynthesis and control.
Annu. Rev. Plant Physiol. **38**, 419-465

Grechkin, A. (1998)
Recent developments in biochemistry of the plant lipoxygenase pathway.
Prog. Lipid Res. **37** (5), Seite 317-352

Green, T.R.; Ryan, C.A. (1972)
Wound-induced proteinase inhibitor in plant leaves: a possible defense mechanism against insects.
Science **175**, 776-777

Grove, M.; Spencer; G.; Rohwedder, W.; Mandava, N. (1979)
Brassinolide, a plant gowth-promoting steroid isolated from *Brassica napus* pollen.
Nature **281**, 216-217

Gundlach, H.; Müller, M.J.; Kutchan, T.M.; Zenk, M.H. (1992)
Jasmonic acid is a signal transducer in elicitor-induced plant cell cultures.
Proc. Natl. Acad. Sci. USA **89**, 2389-2393

Gut, H.; Rutz, C.; Matile, P.; Thomas, H. (1987)
Leaf senescence in a non-yellowing mutant of *Festuca pratensis*: degradation of carotenoids.
Plant Physiol. **70**, 659-663

Haagen-Smitt, A.J.; Leach, W.D.; Bergren, W.R. (1942)
The estimation, isolation and identification of auxins in plant materials.
Am. J. Bot. **29**, 500-506

Hamberg, M. (1987)
Mechanism of corn hydroperoxide isomerase: detection of 12,13(S)-oxido-9(Z),11-octadecadienoic acid.
Biochim. Biophys. Acta **920**, 76-84

Hamberg, M.; Fahlstadius, P. (1990)
Allene oxide cyclase: a new enzyme in plant lipid metabolism.
Arch. Biochem. Biophys. **276**, 518-526

Hamberg, M.; Gardner, W.H. (1992)
Oxylipin pathway to jasmonates: biochemistry and biological significance.
Biochim. Biophys. Acta **1165**, 1-18

Hangarter, R.P.; Good, N.E. (1981)
Evidence that IAA conjugates are slow-release sources of free IAA in plant tissues.
Plant Physiol. **68**, 1424-1427

Harborne, J.B. (1988)
Introduktion to ecological biochemistry, Seite 302-337
Academic, London

Hertel, S.C.; Knöfel, H.D.; Kramell, R.; Miersch; O. (1997)
Partial purification and characterization of a jasmonic acid conjugate cleaving amidohydrolase from the fungus *Botryodiplodia theobromae.*
FEBS Lett. **407**, 105-110

Hisamatsu, T.; Koshioka, M.; Kubota, S.; Nishijima, T.; King, R.W., Mander, L.N.; Owen, D.J. (1997)
Isolation and identification of GA_{112} (12 beta-hydroxy-GA (12)) in *Matthiola incana*
Phytochemistry **47** (1), 3-6

Hoffmann, J.A.; Hétru, C. (1992)
Insect defensins: inducible antibacterial peptides.
Immunol. Today **13**, 411-415

Hoppe, H.H.; Heitefuss, R. (1974)
Permeability and membrane lipid metabolism of *Phaseolus vulgaris* infected with *Uromyces phaseoli*.
Physiol. Plant Pathol. **4**, 5-9

Howe, G.A.; Lightner, J.; Browse, J.; Ryan, C.A. (1996)
An octadecanoid pathway mutant (JL5) of tomato is compromised in signalling for defense against insect attack.
Plant Cell **8**, 2067-2077

Huang, J.F.; Bantroch, D.J.; Greenwood, J.S.; Staswick, P.E. (1991)
Methyl jasmonate treatment eliminates cell-specific expression of vegetative storage protein genes in soybean leaves.
Plant Physiol. **97**, 1512-1520

Jaffe, M.J.; Galston A.W. (1968)
The physiology of tendrils.
Annu. Rev. Plant Physiol. **19**, 417-434

Kaiser, I.; Engelberth, J.; Groth; B.; Weiler, E.W. (1994)
Touch- and methyl jasmonate induced lignification in tendrils of *Bryonia dioica* Jacq.
Bot. Acta **107**, 24-29

Kakkar, R.; Rai, V. (1993):
Plant polyamines in flowering and fruit ripening.
Phytochemistry **33**, 1281-1288

Keen, N.; Partridge, J.; Zaki, A. (1972)
Abstracts of papers accepted for presentation at the sixty-fourth annual meeting of the American phytopathological society, Mexico City, Mexico, 6. bis 10. August 1972.
Phytopathology **62**, 768

Kende, H.; Zeevaart, J. (1997)
The five „classical" plant hormones.
Plant Cell **9**, 1197-1210

Khan, A.K.; Wilson, T. (1995)
Reactive oxygen species as cellular messengers.
Chem Biol. **2**, 437-445

Kirsch, C.; Takamiya-Wik, M.; Reinold; S.; Hahlbrock, K.; Somssich, I.E. (1997)
Rapid, transient, and highly localized induction of plastidial ω-3 fatty acid destaurase mRNA at fungal infection sites in *Petroselinum crispum.*
Proc. Natl. Acad. Sci. USA **94**, 2079-2084

Klüsener, B.; Boheim, G.; Liß, H.; Engelberth, J.; Weiler, E.W. (1995)
Gadolinium-sensitive, voltage-dependent calcium release channels in the endoplasmic reticulum of a higher plant mechanoreceptor organ.
EMBO J. **14**, 2708-2714

Knight, M.R.; Smith, S.M.; Trewavas, A.J. (1992)
Wind-induced plant motion immediately increases cytosolic calcium.
Proc. Nat. Acad. Sci. USA **89**, 4967-4671

Koch, T.; Krumm, T.; Jung, V.; Engelberth, J.; Boland, W. (1999)
Differential induction of plant volatile biosynthesis in the lima bean by early and late intermediates of the octadecanoid-signaling pathway.
Plant Physiol. **121**, 153-162

Koda, Y. (1992)
The role of jasmonic acid and related compounds in the regulation of plant development.
Intern. Rev. of Cytology **135**, 155-199

Koda, Y.; Okazawa, Y. (1988)
Detection of potato tuber-inducing activity in potato leaves and old tubers.
Plant Cell Physiol. **29** 969-974

Kombrick, E.; Hahlbrock, K. (1986)
Responses of cultured parsley cells to elicitors from phytopathogenic fungi.
Plant Physiol. **81**, 216-221

Kovac, M.; Ravnikar, M. (1994)
The effect of jasmonic acid on the photosynthetic pigments of potato plants grown in vitro.
Plant Sci. **103**, 11-17

Kramell, R.; Miersch, O.; Atzorn, R.; Parthier, B.; Wasternack, C. (2000)
Octadecanoid-derived alteration of gene expression and the "oxylipin signature" in stressed barley leaves. Implications for different signaling pathways.
Plant Physiol. **123**, 177-187

Kubigsteltig, I.; Laudert, D.; Weiler, E.W. (1999)
Structure and regulation of the *Arabidopsis thaliana* allene oxide synthase gene.
Planta **208**, 463-471

Kulaeva, O.N. (1981)
Cytokinin action on transcription and translating in plants.
in: Metabolism and molecular activities of cytokinins. Seite 218 - 227
Guern, J.; Peaud-Lenvel, C. (Hrsg.)
Springer-Verlag: Berlin, Heidelberg, New York

Kutchan, T.M. (1993)
12-Oxo-phytodienoic acid induces accumulation of berberine bridge enzyme transcript in a manner analogous to methyl jasmonate.
J. Plant Physiol. **142**, 502-505

Lamb, C.; Dixon, R.A. (1997)
The oxidative burst in plant disease resistance.
Annu. Rev. Plant Physiol. Mol. Biol **48**, 251-275

Langenheim, J. (1994)
Higher plants terpenoids: a phytocentric overview of their ecological roles.
J. Chem. Ecol. **20**, 1223-1280

Larcher, W. (1987)
Streß bei Pflanzen.
Naturwissenschaften **74**, 158-167

Laudert, D.; Pfannschmidt, U.; Lottspeich, F.; Holländer-Czytko, H.; Weiler, E.W. (1996)
Cloning, molecular and functional characterization of *Arabidopsis thaliana* allene oxide synthase (CYP 74), the first enzyme of the octadecanoid pathway to jasmonates.
Plant Mol. Bio. **31**, 323-335

Laudert, D.; Hennig, P.; Stelmach, B.A.; Müller, A.; Andert, L.; Weiler, E.W. (1997)
Analysis of 12-oxo-phytodienoic acid enantiomers on biological samples by capillary gas chromatographic-mass-spectrometry using cyclodextrin stationary phases.
Anal. Biochem. **246**, 211-217

Laudert, D.; Weiler, E.W. (1998)
Allene oxide synthase: a major control point in *Arabidopsis thaliana* octadecanoid signalling.
Plant J. **15**(5), 675-684

Laudert, D.; Schaller, F.; Weiler, E.W. (2000)
Transgenic *Nicotiana tabacum* and *Arabidopsis thaliana* plants overexpressing allene oxide synthase.
Planta **211**, 163-165

Lehrer, R.I.; Lichtenstein, A.K.; Ganz, T. (1993)
Defensins - antimicrobial and cytotoxic peptides of mammalian cells.
Annu. Rev. Immunol. **11**, 105-128

Levitt, J. (1980)
Responses of plants to environmental stresses. Vol. 1
Academic press, New York

Lohman, K.N.; Gan, S.; John, M.C.; Amasino, R.M. (1994)
Molecular analysis of natural leaf senescence in *Arabidopsis thaliana*.
Physiol. Plant **92**, 322-328

Lois, R.; Dietrich, A.; Hahlbrock, K.; Schulz, W. (1989)
A phenylalanine ammonia-lyase gene from parsley: structure, regulation and identification of elicitor and light responsive cis-acting elements.
EMBO J. **8**, 1641-1648

Loon van, L.C.; Bakker, P.A.; Pieterse, C.M. (1998)
Systemic resistance induced by *Rhizosphere* bacteria.
Annu. Rev.Phytopathol. **36**, 453-734

Lürssen, K. (1981)
Das Pflanzenhormon Ethylen.
Chemie in unserer Zeit **15**, 122-129

Lyon, F.M.; Wood, R.K. (1975)
Production of phaseollin, coumestrol and related compounds in bean leaves inoculated with *Pseudomonas* spp.
Physiol. Plant Pathol. **6**, 117-124

Malone, M.; Alarcon; J.-J.; Palumbo, L. (1994)
An hydraulic interpretation of rapid, long-distance wound signalling in the tomato.
Planta **193**, 181-185

Mandujano-Chavez, A.; Schoenbeck, M.A.; Ralston, L.F.; Lozoya-Gloria, E.; Chappell, J. (2000)
Differential induction of sesquiterpene metabolism in tobacco cell suspension cultures by methyl jasmonate and fungal elicitor.
Arch. Biochem. Biophys. **381** (2), 285-294

Manners, J.M.; Penninckx, I.A.; Vermaere, K.; Kazan, K.; Brown, R.L.; Morgan, A.; Maclean, D.J.; Curtis, M.D.; Cammue, B.P.; Broekaert, W.F. (1998)
The promotor of the plant defensin gene *PDF1.2* from *Arabidopsis* is systemically activated by fungal pathogens and responds to methyl jasmonate but not to salicylic acid.
Plant Mol. Biol. **38** (6), 1071-1080

Mason, H.S.; Wald de, D.B.; Creelmann, R.A.; Mullet, J.E. (1992)
Coregulation of soybean vegetative storage protein gene expression by methyl jasmonate and soluble sugars.
Plant Physiol. **98**, 859-867

McConn, M.; Creelmann, R.A.; Bell, E.; Mullet; J.E.; Browse, J. (1997)
Jasmonate is essential for insect defense in *Arabidopsis*.
Proc. Natl .Acad. Sci. USA **94**, 5473-5477

McGurl, B.; Pearce, G.; Orozco-Cardenas, M.; Ryan, C.A. (1992)
Structure, expression and antisense inhibition of the systemin precursor gene.
Science **255**, 1570-1573

Meindl, T.; Boller, T.; Felix, G. (1998)
The plant wound hormone systemin binds with the N-terminal part to its receptor but needs the C-terminal part to activate it.
Plant Cell **10**, 1561-1570

Meyer, A.; Miersch, O.; Büttner, C.; Dathe, W.; Sembdner, G. (1984)
Occurrence of the plant growth regulator jasmonic acid in plants.
J. Plant Growth Reg. **3**, 1-8

Miller, J.; Arteca, R.; Pell, E. (1999)
Senescence-associated gene expression during ozone-induced leaf senescence in *Arabidopsis*.
Plant Physiol. **120**, 1015-1023

Motyka, V.; Faiss, M.; Strnad, M.; Kaminck, M; Schmülling, T. (1996)
Changes in cytokinin content and cytokinin oxidase activity in response to derepression of *ipt* gene transcription in transgenic tobacco callo and plants.
Plant Physiol. **112**, 1035-1043

Müller, K.O.; Börger, H. (1940)
Arb. Biol. Reichsanst. Land- und Forstwirtsch., Berlin **23**, 189-231

Müller, M.J.; Brodschelm, W.; Spannagle, E.; Zenk; M.H. (1993)
Signaling in the elicitation process is mediated through the octadecanoid pathway leading to jasmonic acid.
Proc. Natl. Acad. Sci. USA **90**, 7490-7494

Müller, M.J.; Brodschelm, W. (1994)
Quantification of jasmonic acid by capillary gas chromatography-negative chemical ionization-mass spectrometry.
Anal. Biochem. **218**, 425-435

Müssig, C.; Biesgen, C.; Lisso, J.; Uwer, U.; Weiler, E.W.; Altmann, T. (2000)
A novel stress-inducible 12-oxophytodienoate reductase from *Arabidopsis thaliana* provides a potential link between brassinosteroid action and jasmonic acid synthesis.
J. Plant Physiol. **157** (2), 143-153

Murphy, A.; Peer, W.; Taiz, L. (2000)
Regulation of auxin transport by aminopeptidases and endogenous flavonoids.
Planta **211**, 315-324

Narváez-Vásquez, J.; Pearce, G.; Orozco-Cardenas, M.L.; Franceschi, V.R.; Ryan, C.A. (1995)
Autoradiographic and biochemical evidence for the systemic translocation of systemin in tomato plants.
Planta **195**, 593-600

Normanly, J.; Cohen, J.D.; Fink, G.R. (1993)
Arabidopsis thaliana auxotrophs reveal a tryptophan-independent biosynthetic pathway for indole-3-acetic acid.
Proc. Natl. Acad. Sci. USA **90**, 10355-10359

Noodén, L.D. (1988)
The phenomena of senescence and aging.
in: Senescence and aging in plants, Seite 1-50
Noodén, L.D. und Leopold, A.C. (Hrsg.),
Academic press, San Diego

Noodén, L.D.; Guiamet, J.J. (1996)
Genetic control of senescence and aging in plants.
in: Handbook of the biology of aging, 4. Auflage, Seite 94-118
Schneider, E.L. und Bowe, J.W. (Hrsg.)
Academic Press, San Diego

O´Donnell, P.J.; Calvert, C.M.; Atzorn, R.; Wasternack, C.; Leyser, H.M.; Bowles, D.J. (1998)
Ethylene as a signal mediating the wound response of tomato plants.
Science **274**, 1914-1917

Oh, B.; Ko, M.; Kostenyuk, I.; Shin, B.; Kim, K. (1999)
Coexpression of a defensin gene and a thionin-like via different signal transduction pathways in pepper and *Colletrichium gloeosporioides* interactions.
Plant Mol. Biol. **41** (3), 313-319

Oh, S.A.; Lee, S.Y.; Chung, I.K.; Lee, C.H.; Nam, H.G. (1996)
A senescence-associated gene of *Arabidopsis thaliana* is distinctively regulated during natural and artificially induced leaf senescence.
Plant Mol. Biol. **30**, 739-754

Ohta, H.; Ida, S.; Mikami,B.; Morita; Y. (1986)
Changes in lipoxygenase compounds of rice seedlings during germination.
Plant Cell Physiol. **27**, 911-918

Orozco-Cardenas, M.; Ryan, C.A. (1999)
Hydrogen peroxide is generated systemically in plant leaves by wounding and systemin via the octadecanoid pathway.
Proc. Natl. Acad. Sci. USA **96**, 6553-6557

Ozawa, R.; Arimura, G.; Takabayashi, J.; Shimoda, T.; Nishioka, T. (2000)
Involvement of jasmonate- and salicylate-related signaling pathways für the production of specific herbivore-induced volatiles in plants.
Plant Cell Physiol. **41** (4), 391-398

Parchmann, S.; Mueller, M.J. (1998)
Evidence for the formation of dinor isoprostanes E_1 from α-linolenic acid in plants.
J. Biol. Chem. **273** (49), 32650-32655

Park, J.H.; Oh, S.A.; Kim, Y.H.; Woo, H.R.; Nam, H.G. (1998)
Differential expression of senescence-associated mRNAs during leaf senescence induced by different senescence-inducing factors in *Arabidopsis.*
Plant Mol. Biol. **37**, 445-454

Pearce, G.; Strydom, D.; Johnson, S.; Ryan, C.A. (1991)
A polypeptide from tomato leaves induces wound inducible proteinase inhibitor proteins.
Science **253**, 895-898

Pena-Cortés, H.; Sanchez-Serrano, J.J.; Mertens, R.; Willmitzer, L.; Prat, S. (1989)
Abscisic acid is involved in the wound-induced expression of the proteinase inhibitor gene II in potato and tomato.
Proc. Natl. Acad. Sci. USA **86**, 9851-9855

Pena-Cortés, H.; Albrecht, T.; Prat, S.; Weiler, E.W.; Willmitzer, L. (1993)
Aspirin prevents wound-induced gene expression in tomato leaves by blocking jasmonic acid biosynthesis.
Planta **191**, 123-128

Pena-Cortés, H.; Fisahn, J.; Willmitzer, L (1995)
Signals involved in wound-induced proteinase inhibitor II gene expression in tomato and potato plants.
Proc. Natl. Acad. Sci. USA **92**, 4106

Penninckx, I.A.; Eggermont, K.; Terras, F.R.; Thomma, B.P.; De-Samblanx, G.W.; Buchole, A. (1996)
Pathogen-induced systemic activation of a plant defensin gene in *Arabidopsis* follows a salicylic acid-independet pathway.
Plant Cell **8**, 2309-2323

Pieterse, C.M.; Wees van, S.C.; Hoffland, E.; Pelt van, J.A.; Loon van, L.C. (1996)
Systemic resistance in *Arabidopsis* induced by biocontrol bacteria is independent of salicylic acid accumulation and pathogenesis-related gene.
Plant Cell **8**, 1225-1237

Piotrowski, M.; Liss ,H.; Weiler, E.W. (1996)
Touch induced protein phosphorylation in mechanosensitive tendrils of *Bryonia dioica* Jacq.
J. Plant Physiol. **147**, 539-546

Popova, L.P.; Vaklinova, S.G. (1988)
Effect of jasmonic acid on the synthesis of ribulose-1,5-bisphosphate carboxylase-oxygenase in barley leaves.
J. Plant Physiol. **133**, 210-215

Quinkert, G.; Adams, F.; Dürner, G. (1982)
Asymmetrische Synthese von Methyljasmonat.
Angew. Chemie **94**, 866-867

Quirino, B.; Noh, Y.; Himelblau, E.; Amasino, R. (2000)
Molecular aspects of leaf senescence.
Trends Plant Sci., **5** (7), 278-282

Ragg, H.; Kuhn, D.N.; Hahlbrock, K. (1981)
Coordinated regulation of 4-coumarate:CoA ligase and phenylalanine ammonialyase mRNAs in cultured plant cells.
J. Biol. Chem. **256**, 10061-10065

Raskin, I. (1992)
Role of salicylic acid in plants.
Annu. Rev. Plant Physiol. Plant Mol. Biol. **43**, 439-463

Reymond, P.; Weber, H.; Damond, M.; Farmer, E. (2000)
Differential gene expression in response to mechanical wounding and insect feeding in *Arabidopsis*.
Plant Cell **12** (5), 707-720

Richard, S.; Lapointe, G.; Rutledge, R.; Séguin, A. (2000)
Induction of chalcone synthase expression in white spruce by wounding and jasmonate.
Plant Cell Physiol. **41** (8), 982-987

Römpp (1997)
Lexikon Chemie - Version 1.3
Stuttgart, New York: Georg Thieme Verlag

Rossall, S.; Mansfield, J.W.; Hutson; R.A. (1980)
Death of *Botrytis cinerea* and *B. fabae* following exposure to wyerone derivates *in vitro* and during infection development in broad bean leaves.
Physiol. Plant Pathol. **16**, 135-146

Rüffer, M.; Steipe, B.; Zenk, M.H. (1995)
Evidence against specific binding of salicylic acid to plant catalase.
FEBS Lett. **377**, 175-180

Ryals, J.; Uknes, S.; Ward, E. (1994)
Systemic acquired resistance.
Plant Physiol. **104**, 1109-1112

Ryan, C.A.; Balls, A.K. (1962)
An inhibitor of chymotrypsin from *Solanum tuberosum* and its behaviour toward trypsin.
Proc. Natl. Acad. Sci. USA **48**, 1839-1844

Ryan; C.A. (1990)
Proteinase inhibitor genes in plants: genes for improving defenses against insects and pathogens.
Annu. Rev. Phytopath. **28**, 425-449

Ryan, C.A. (2000)
The systemin signaling pathway: differential activation of plant defensive genes.
Biochim. Biophys. Acta **1477**, 112-121

Sakurai, A.; Fujioka, S. (1993)
The current status of physiology and biochemistry of brassinosteroids: a review.
J. Plant Growth Reg. **13**, 147-159

Salisbury, F.B.; Marinos, N.G. (1985)
Encyclopedia of plant physiology, Vol. 11, Seite 707
Pharis, R.P. und Reid, D.M. (Hrsg.)
Springer-Verlag Berlin, Heidelberg

Saniewski, M.; Czapski, J. (1985)
Stimulatory effect of methyl jasmonate on the ethylene production in tomato fruits.
Experientia **41**, 256-257

Saniewski, N.; Nowacki, J.; Czapski; J. (1987)
The effect of methyl jasmonate on ethylene production and ethylene-forming enzyme activity in tomatoes.
J. Plant Physiol. **129**, 175-180

Schaller, F.; Weiler, E.W. (1997a)
Enzymes of octadecanoid biosynthesis in plants: 12-oxo-phytodienoate 10,11-reductase.
Eur. J. Biochem. **245**, 294-299

Schaller, F.; Weiler, E.W. (1997b)
Molecular cloning and characterization of 12-oxophytodienoate reductase, an enzyme of the octadecanoid signaling pathway from *Arabidopsis thaliana*.
J. Biol. Chem. **272** (44), 28066-28072

Schaller, F.; Hennig, P.; Weiler, E.W. (1998)
12-Oxophytodienoate-10,11-reduktase: occurrence of two isoenzymes of different specificity against stereoisomers of 12-oxophytodienoic acid.
Plant Physiol. **118**, 1345-1351

Schaller, F.; Biesgen, C.; Müssig, C.; Altmann, T.; Weiler, E.W. (2000)
12-Oxophytodienoate reductase 3 (*OPR3*) is the isoenzyme involved in jasmonate biosynthesis.
Planta **210**, 979-984

Scheer, J.M.; Ryan, C.A. (1999)
A 160-kD systemin receptor on the surface of *Lycopersicon peruvianum* suspension-cultured cells.
Plant Cell **11**, 1525-1535

Schildknecht, H. (1981)
Reiz- und Abwehrstoffe höherer Pflanzen - ein chemsiches Herbarium.
Angew. Chemie **93**, 164-183

Schumacher, H.M.; Gundlach, H.; Fiedler, F.; Zenk, M.H. (1987)
Elizitation of benzophenanthridine alkaloid synthesis in *Eschscholtzia* cell cultures.
Plant Cell Rep. **6**, 410-413

Schumacher, K.; Chory, J. (2000)
Brassinosteroid signal transduction: still casting the actors.
Curr. Opin. Plant Biol. **3** (1), 79-84

Selye, H. (1950)
Stress and the general adaption syndrome.
Brit. Med. J., 1383

Sembdner, G.; Meyer, A.; Miersch, O.; Brückner, C. (1988)
Plant growth substances, Seite 374
Pharis, R.P. und Rood, S.B. (Hrsg.)
Springer-Verlag Berlin, Heidelberg

Sembdner, G.; Parthier, B. (1993)
The biochemistry and the physiological actions of jasmonates.
Annu. Rev. Plant Physiol. Plant Mol. Biol. **44**, 569-589

Seo, S.; Okamoto, M.; Seto, H.; Ishizuka, K.; Sano, H.; Okashi, Y. (1995)
Tobacco MAP kinase: a possible mediation in wound signal transduction pathways.
Science **270**, 1988-1992

Seo, M.; Peeters, A.; Koiwai, H., Oritani, T.; Marion-Poll, A.; Zeevaart, J.; Koornneef, M.; Kamiya, Y.; Koshiba, T. (2000)
The *Arabidopsis* aldehyde oxidase 3 (*AAO3*) gene product catalyzes the final step in abscisic acid biosynthesis in leaves.
Proc. Natl. Acad. Sci. USA **97** (23), 12908-12913

Song, W.C.; Funk, C.D.; Brash, A.R. (1993)
Molecular cloning of allene oxide synthase: a cytochrome P450 specialized for the metabolism of fatty acid hydroperoxides.
Proc. Natl. Acad. Sci. USA **90**, 8519-8523

Staswick, P.E. (1988)
Soybean vegetative storage protein structure and gene expression.
Plant Physiol. **87**, 250-254

Staswick, P.E. (1990)
Novel regulation of vegetative storage protein genes.
Plant Cell **2**, 1-6

Staswick, P.E.; Huang; J.-F.; Rhee, Y. (1991)
Nitrogen and methyl jasmonate induction of soybean vegetative storage protein genes.
Plant Physiol. **96**, 130-136

Steffens, P. Nagakura, N.; Zenk; M.H. (1985)
Purification and characterization of the berberine bridge enzyme from *Berberis beaniana* cell cultures.
Phytochemistry **24**, 2577-2583

Stelmach, B.A.; Müller, A.; Hennig, P.; Laudert, D.; Andert, L.; Weiler, E.W. (1998)
Quantitation of the octadecanoid 12-oxo-phytodienoic acid and establishment of ist function as a signaling compound in mechanotransduction.
Phytochemistry **47** (4), 539-546

Stott, K.; Saito, K.; Thiele, D.J.; Massey, V. (1993)
Old Yellow Enzyme
J. Biol. Chem. **268**, 6097-6106

Stratmann, J.W.; Stelmach, B.A.; Weiler, E.W.; Ryan, C.A. (2000)
UVB/UVA radiation activates a 48 kDa myelin basic protein kinase and potentiates wound signaling in tomato leaves.
Photochem. Photobiol. **71** (2), 116-123

Takabayashi, J.; Dicke, M. (1996)
Plant-carnivore mutualism through herbivore-induced carnivore attractants.
Trends Plant Sci. **1**, 109-113

Terras, F.R.; Torrekens, S.; Leuven van, F.; Osborn, R.W.; Vanderleyden J.; Cammue, B.P.; Broekaert, W.F. (1993)
A new family of basic cystein-rich antifungal proteins from Brassicaceae spezies.
FEBS Lett. **316**, 233-240

Terras, F.R.G.; Eggermont, K.; Kovaleva, V.; Raikhel, N.V.; Osborn, R.W.; Kester, A.; Rees, S.B.; Torrekens, S.; Van Leuven, F.; Vanderleyden J.; Cammue, B.P.; Broekaert, W.F. (1995)
Small cysteine-rich antifungal proteins from radish (*Raphanus sativus* L.). Their role in host defense.
Plant Cell **7**, 573-588

Thaler, J.S. (1999)
Jasmonate-inducible plant defences cause increased parasitism of herbivores.
Nature **399**, 686-687

Troll, W. (1939)
Vergleichende Morphologie der höheren Pflanzen. Vol 1, Seite 1972-1983
Gebr. Borntraeger Verlag, Berlin

Tserng, K.Y.; Jin, S.J. (1990)
NADPH-dependet reductive metabolism of cis-5-unsaturated fatty acids.
J. Biol. Chem. **266**, 11614-11620

Ueda, J.; Kato, J. (1980)
Isolation and identification of a senescence-promoting substance from wormwood (*Artemisia absinthium* L.).
Plant Physiol. **66**, 246-249

Utsugi, S.; Sakamoto, W.; Ogura, Y.; Murata, M.; Motoyoshi, F. (1996)
Isolation and characterization of cDNA clones corresponding to the genes expressed preferntially in floral organs of *Arabidopsis thaliana.*
Plant Mol. Biol. **32**, 759-765

Utsugi, S.; Sakamoto, W.; Murata, M.; Motoyoshi, F. (1998)
Arabidopsis thaliana vegetative storage protein (VSP) genes: gene organization and tissue-specific expression.
Plant Mol. Biol. **38**, 565-576

Vick, B.A.; Zimmermann, D.C. (1981)
Lipoxygenase, hydroperoxide isomerase and hydroperoxide cyclase in young cotton seedlings.
Plant Physiol. **67**, 92-97

Vick, B.A.; Zimmermann, D.C. (1983)
The biosynthesis of jasmonic acid: a physiological role for plant lipoxygenase.
Biochem. Biophys. Res. Commun. **111**, 470-477

Vick, B.A.; Zimmermann, D.C. (1984)
Biosynthesis of jasmonic acid by several plant species.
Plant Physiol. **75**, 458-461

Vick, B.A.; Zimmermann, D.C. (1987)
Pathway of fatty acid hydroperoxide metabolism in spinach leaf chloroplasts.
Plant Physiol. **85**, 1073-1078

Vick, B.A.; Zimmermann, D.C. (1995)
Thermal alteration of a cyclic fatty acid produced by a flaxseed extract.
Lipids **14**, 734-740

Warburg, O.; Christian, W. (1933)
Biochem. Z. **266**, 377-411

Weber, A.; Vick, B.A.; Farmer, E.E. (1997)
Dinor-oxo-phytodienoic acid: a new hexadecanoid signal in the jasmonate family.
Proc. Natl. Acad. Sci. USA **94**, 10473-10478

Wees van, S.; Swart de, E.; Pelt van, J.; Loon van, L.; Pieterse, C. (2000)
Enhancement of induced disease resistance by simultaneous activation of salicylate- and jasmonate-dependent defense pathways in *Arabidopsis thaliana*.
Proc. Natl. Acad. Sci. USA **97**, 8711-8716

Weidhase, R.A.; Kramell, H.; Lehmann, J.; Liebisch, H.; Lerbs, W.; Parthier, B. (1987)
Methyljasmonate-induced changes in the polypeptide patterns of senescing barley leaf segments.
Plant Sci **51**, 177-186

Weiler, E.W.; Albrecht, T.; Groth, B.; Xia, Z.Q.; Luxem, M.; Liss, H.; Andert, L.; Spengler, P. (1993)
Evidence for the involvement of jasmonates and their octadecanoid precursors in the tendril coiling response of *Bryonia dioica*.
Phytochemistry **32**, 591-600

Weiler, E.W.; Kutchan, T.M.; Gorba, T.; Brodschelm, W.; Niesel, U.; Bublitz, F. (1994)
The *pseudomonas* phytotoxin coronatine mimics octadecanoid signalling molecules of higher plants.
FEBS Lett. **345**, 9-13

Weiler, E.W. (1997)
Octadecanoid-mediated signal transduction in higher plants.
Naturwissenschaften **84**, 340-349

Weiler, E.W.; Laudert, D.; Schaller, F.; Stelmach, B.; Hennig, P. (1998)
Fatty acid-derived signaling molecules in the interaction of plants with their environment.
in: Phytochemical signals and plant-microbe Interactions, Seite 179-197
Romeo *et al.* (Hrsg.)
Plenum Press, New York

Weiler, E.W.; Laudert, D.; Stelmach, B.; Hennig, P.; Biesgen, C.; Kubigsteltig, I. (1999)
Octadecanoid and hexadecanoid signalling in plant defence.
Novartis Found Symp **223**, 191-204

Weiler, E.W. (2000)
Wie Pflanzen fühlen.
Spektrum der Wissenschaft **Märzausgabe**, 60-66

Went, F.W.; Thimann, K.V. (1937)
Phytohormones.
Mac Miller, New York

Wildon, D.C.; Thain, J.F.; Minchin, P.E.H.; Gubb, I.R.; Reilly, A.J.; Shipper, Y.D.; Doherty, H.M.; O´Donnell, P.J.; Bowles, D.J. (1992)
Electric signaling and systemic proteinase inhibitor induction in the wounded plant.
Nature **360**, 62-65

Williams, D.H.; Stone, M.J.; Hauck, P.R.; Rahman, S.K. (1989)
Why are secondary metabolites (natural products) biosynthesized?
J. Nat. Prod. **52**, 1189-120

Wittenbach, V.A. (1983)
Purification and characterization of a soybean leaf storage glycoprotein.
Plant Physiol. **73**, 125-129

Xia, Z.Q.; Zenk, M.H. (1993)
Metabolism of jasmonic acid in suspension cultures of *Eschscholtzia*.
Plant Medica **59**, 575-576

Xie, D.; Flys, B.; James, S.; Nietro-Rostro, M.; Turner, J. (1998)
COI 1: An *Arabidopsis* gene required for jasmonate-regulated defense and fertility.
Science **280**, 1091-1094

Yang, S.F.; Hoffmann, N.E. (1984)
Ethylene biosynthesis and its regulation in higher plants.
Annu. Rev. Plant Physiol. Plant Mol. Biol. **35**, 155-189

York, W.S.; Darvill, A.G.; Albersheim, P. (1984)
Inhibition of 2,4-dichloro-phenoxyacetic acid-stimulated enlongation of pear stem segments by a xyloglucan oligosaccharide.
Plant Physiol. **75**, 295-297

Zeevaart, J.A.; Creelmann, R.A. (1988)
Metabolism and physiology of abscisic acid.
Annu. Rev. Plant Physiol. Plant Mol. Biol. **39**, 439-473

Zeevaart, J.A., Rock, C.D.; Fantauzzo, F.; Heath, T.; Gage, D.A. (1991)
Metabolism of abscisic acid and its physiological implications.
in: Abscisic acid: physiology and biochemistry, Seite 39-52
Davies, W.J. und Jones, H.G. (Hrsg.)
BIOS Scientific, Oxford

Zenk, M.H. (1995)
Organic reactivity: physical and biological aspects. Seite 89-109
Golding, B.T.; Griffin, R.J.; Maskill, H. (Hrsg.)
Chem. Soc. Press, London

Ziegler, J.; Hamberg, M.; Miersch, O.; Parthier, B. (1997)
Purification and charcterization of allene oxide cyclase from dry corn seeds.
Plant Physiol. **114**, 565-573

Ziegler, J.; Stenzel, I.; Hause, B.; Maucher, H.; Hamberg, M.; Grimm, R.; Ganal, M.; Wasternack, C. (2000)
Molecular cloning of allene oxide cyclase.
J. Biol. Chem. **275** (25), 19132-19138

Zeitfracht Medien GmbH
Ferdinand-Jühlke-Straße 7
99095 Erfurt, Deutschland
produktsicherheit@kolibri360.de